書くだけで、心がととのう

ひとり会議ワークブック

SELF MEETING WORKBOOK

Self0

山口恵理香
ERICA YAMAGUCHI

はじめに
誰にも言えないモヤモヤを唯一預けられたのは、紙とペンだったのです。

最近、誰かに褒められたことはありますか?

日々の小さな選択から、
人生を左右するような大きな決断まで、
私たちは毎日のように何かを選び、決めています。

「今日のランチは何を食べようか」「どんな服を着ようか」
そんなささいなことから、

「転職するべきだろうか」「結婚するべきだろうか」
人生の岐路に立たされるような選択まで。

膨大な選択肢の中で、決断し続けることは、
知らず知らずのうちに、
私たちの心身を疲れさせてしまうことがあります。

「頑張ってるね」

そんなとき、誰かからこんな言葉をもらえたら
どれほど救われるでしょう。

でも、周りを見渡すと、みんな自分のことで精一杯。
お互いを気遣ったり、褒め合ったりする心の余裕はありません。

こうした状況の中で、
私たちは自分の中にある孤独を抱えたまま、
静かに耐え続けることが増えています。

私自身も、そんな孤独を感じて生きてきました。
心の中にある思いを誰にも伝えられず、
ただひとりで抱えるしかなかったとき、
私を救ってくれたのは「書くこと」でした。

「書くことは、生きること」

そう言っても過言ではないほど、
私は紙とペンに自分の気持ちを預けることで、
少しずつ前に進む力を取り戻してきました。

どんな人にも、
人生がとまっているように感じられる時期があります。
それは、仕事の悩みが原因かもしれないし、
人間関係の問題かもしれない。
あるいは、自分が本当にやりたいことが
わからなくなっているからかもしれません。

そんなとき、私はいつも紙に向かって、
自分の心の中にある思いをひとつひとつ書きだしてきました。

書くことで、自分の中にある不安やモヤモヤを整理し、
自分なりの答えを見つけることができたのです。

私は、このひとりで紙に向き合う時間を
「ひとり会議」と呼んでいます。

「ひとり会議」とは、
誰かに見せるためでも、
評価されるためでもない、
自分のためだけの時間です。

SNSで何でも発信するのが当たり前の時代だからこそ、
誰にも見せない、自分だけの本音を書きだす時間が、

とても大切だと思うのです。

書いているうちに、少しずつ心が整っていくのがわかります。

そして、いつの間にか見失っていた
自分自身の本当の思いに気づくことができるのです。

ただ、自分自身と向き合うとき、そこには少なからず、
「不安」や「つらさ」が伴います。

今まで目をそらしていた
自分の弱さや脆さに光を当てることは、
最初は戸惑いを感じるかもしれません。

でも、その時間があるからこそ、
自分でも気がつかなかった
本音に気づくことができ、
そして、その「気づき」が
未来を変える第一歩になるのです。

そんな「ひとり会議」を楽しく、気軽に取り組めるようにするために、
私は「おひとりさま会議用紙」というシートをつくりました。

ありがたいことに、多くの人に手に取っていただき、
私が運営する文房具店「SelfO（セルフレイ）」の
主力商品として愛される存在になったのです。

本書は、この「おひとりさま会議用紙」を
さらに進化させてワークブックとしてお届けします。

これまでの65種類の「おひとりさま会議用紙」から
厳選した30シートに加え、
新たに20シートを追加し、全50シートに仕上げました。

また、今回のワークブック化に合わせて、
既存の30シートの
設問内容もブラッシュアップしています。

自分と向き合う時間を
少しでも楽しく感じられるように、
あえて明るい色でデザインしています。

このワークブックには、ルールはありません。
1ページ目から書き始める必要もないですし、
一度にすべてを書き終える必要もありません。

その日の気分や体調に合わせて、
好きなページから自由に楽しんでください。

そして、ワークを終えたあと、
ぜひ、何か1つでも行動に移してみましょう。

**「ひとり会議」を通して得た気づきを
そのままにしておくか、行動に移すかで
未来は変わります。**

いきなり大きな山を登ろうとする必要はありません。
むしろ最初の一歩は、小さくていいのです。
今の自分ができることで十分。

さあ、このワークブックを手に取った今日が、
あなたの心の旅路の始まりです。
書くことが、きっとあなたの道しるべとなり、
明るい未来へと導いてくれるでしょう。

CONTENTS

はじめに 2

PART 1　自己肯定感
ありのままの自分を
認めてあげるためのひとり会議 15

THEME　一番の味方は自分自身 16

WORK 1　日々の小さな一歩それこそが奇跡 18
　　　　昨日の私より今日の私ができたこと

WORK 2　たまには私にとびきりの「ありがとう」を 20
　　　　いつも頑張っている私に感謝状を!!

WORK 3　自分へのご褒美は自分で用意してあげる 22
　　　　私から頑張った私へのご褒美メニュー

WORK 4　日常のふとしたサインを見逃さない 24
　　　　ポジティブな予兆を発見する

WORK 5　日々の中で見つける幸せのかけら 26
　　　　小さな幸せList

**THEME　ひとり時間は自分を整える
大切なひととき** 28

WORK 6　ひとり時間を計画的に過ごして
　　　　本来の自分を取り戻す 30
　　　　私のひとり時間を丸1日徹底プランニング

WORK 7	突然のひとり時間でもごきげんでいられるように	32
	思いがけずひとり時間ができたときにやりたいこと	
WORK 8	「ひとり〇〇」は新しい世界を見せてくれる	34
	今だからこそ挑戦したい「ひとり〇〇」	
COLUMN	ひとり会議のコツ1	
	ひとり会議におすすめの文房具	36

PART 2 人生とキャリア
夢・目標・ライフプランを見直すためのひとり会議 …… 39

THEME	なりたい未来を具体的に想像する	40
WORK 9	「憧れ」に近づく努力があなたの未来を輝かせる	42
	人生のロールモデルを設定してさらに前へ前へ！	
WORK 10	大切な夢は密かに書いてお守りにしよう	44
	誰にも言わない本当は叶えたい夢リスト	
WORK 11	忙しい毎日だからこそ遠くの未来を見据える時間を	46
	10年後までに達成したいこと10個	
WORK 12	自分と向き合い人生の波を把握する	48
	人生の方向性をひとり会議で定める	
WORK 13	目標を認識することが夢を叶える第一歩	50
	1年以内に達成したい10個の目標	
WORK 14	大人になっても学び続ける楽しさを味わう	52
	いつか合格したい資格リスト	
WORK 15	昔の自分より成長したこと　もっとできること	54
	10代の私と今の私を比べてみる	

THEME 自分にとっての「自立」とは？ 56
WORK 16 精神的な依存から卒業し
自分らしい未来を描こう 58
精神的自立を目指して今からできること

WORK 17 未来に備えて「お金」について考える 60
お金の不安を解消しよう！

WORK 18 自分らしい働き方って何だろう？ 62
キャリアプランを見直そう

WORK 19 後悔しないように自分なりの親孝行を考える 64
私なりの親孝行プランを考えてみよう

PART 3 趣味
私の時間を充実させるためのひとり会議 67

THEME 芸術や文化に触れて
日々を充実させる 68

WORK 20 映画鑑賞で非日常を味わおう 70
観ておきたい映画リスト

WORK 21 美術館で心が震える体験を 72
いつか行ってみたい美術館リスト

WORK 22 名曲はいつだってあなたの人生を支えてくれる 74
つらいときに支えてくれた私の名曲 Top5

WORK 23 本との一期一会を大切に 76
Book List　いつか読んでみたい本のリスト

WORK 24 豊かな語彙が人生をよりよくする 78
本を読んでいて初めて知った言葉とその意味を
大切に保存

THEME	頑張っている姿を応援することが心の充電	80
WORK 25	「推し」が教えてくれる意外な気づき	82
	今推している〇〇とハマる理由を分析！	
WORK 26	推し活が日常にハリとワクワクをくれる	84
	とことん楽しみたい！私の推し活	

THEME	旅は私を肯定してくれる	86
WORK 27	旅でのひらめきを大切に	88
	旅先で感じたことをまとめよう	
WORK 28	神社やお寺で日ごろの感謝を伝える	90
	いつか必ず参拝してみたい神社・お寺リスト	
WORK 29	いつかのために旅へのワクワクを膨らませる	92
	人生で一度は行ってみたい旅行先リスト	
WORK 30	「ひとりお散歩」で心も体もリフレッシュ	94
	ひとりお散歩で気づいたこと	
COLUMN	ひとり会議のコツ2 ひとり会議におすすめのタイミング	96

PART 4 人間関係
心地よいつながりをつくるためのひとり会議 … 99

THEME	私にとって、本当に大切な人は誰？	100
WORK 31	今この瞬間に会いたい人は誰だろう？	102
	会いたい人リスト	
WORK 32	今はもう会えなくても 大切な人であることは変わらない	104
	今はもう会えないあの人に伝えたいこと	

WORK 33　**自分自身の変化と家族との関係** ……… 106
親や家族との関係性を見つめ直そう

WORK 34　**これからも大切にしたい友人関係を考えてみる** ……… 108
大人になって環境が変わっても付き合いたい人リスト

WORK 35　**距離を置きたい人との関わり方を見直す** ……… 110
心地よい人間関係にするために卒業すべき人は？

THEME　**過去の恋もこれからの恋も
すべて私の人生** ……… 112

WORK 36　**過去の恋愛を振り返り次の準備をする** ……… 114
新しい恋愛を引き寄せるための心の整理タイム

WORK 37　**理想のパートナーってどんな人？** ……… 116
理想のパートナーを考えてみる

PART 5　健康と暮らし
私らしい生活を楽しむためのひとり会議 ……… 119

THEME　**日々の習慣が
私らしい人生を生みだしていく** ……… 120

WORK 38　**習慣が私らしい人生をつくる** ……… 122
新しい私になるために取り入れてみたい習慣

WORK 39　**朝活で見つける新しい自分** ……… 124
いつかは叶えたいひとり朝活プラン

WORK 40　**夜活が彩る豊かな毎日** ……… 126
いつかは叶えたいひとり夜活プラン

WORK 41　**ついつい続けてしまうNG習慣を可視化する** ……… 128
なんとなくダラダラ続けている断ち切りたいNG習慣

| THEME | 心と体の声を聞く | 130 |

| WORK 42 | **メンタルの波を見つめて書きとめる** ... 132 |
| | メンタル管理シート |

| WORK 43 | **不安はいつも突然やってくる** ... 134 |
| | モヤモヤしたときの対処法 |

| WORK 44 | **スマートフォンと上手に付き合うには?** ... 136 |
| | チャレンジしてみたいデジタルデトックスプラン |

| WORK 45 | **体の声に耳を傾けよう** ... 138 |
| | 体調不良を分析してみる |

| WORK 46 | **忙しい中でも少しずつ体を動かす習慣を** ... 140 |
| | 無理のない範囲で続けられるエクササイズプラン |

| THEME | 暮らしを整えて全力で人生を楽しむ | 142 |

| WORK 47 | **暮らしを整えて人生を輝かせる** ... 144 |
| | 私らしい暮らしってどんな暮らし? |

| WORK 48 | **心地よいお部屋づくりで暮らしを豊かにする** ... 146 |
| | 自分のお部屋に招待したいお買い物リスト |

| WORK 49 | **憧れのレシピを書いて料理を楽しもう** ... 148 |
| | チャレンジしてみたいお料理レシピ |

| WORK 50 | **ひとり会議を充実させ成長へとつなげる** ... 150 |
| | 私だけのひとり会議のルーティンを考えてみよう! |

| COLUMN | ひとり会議のコツ 3 |
| | **本当につらいときもひとり会議?** ... 152 |

おわりに ... 154

購入者限定特典 ... 158

PART

1

自己肯定感

ありのままの自分を
認めてあげるための
ひとり会議

THEME

一番の味方は自分自身

　10代、青春をともにわかち合った仲間と、一緒に笑い合い、手を叩いてはしゃぎながら、心の奥底に潜む孤独をまぎらわせていたあのころ……。しかし、大人になるにつれ、あのころのように孤独をまぎらわせてくれる仲間との時間は減り、誰もがそれぞれの「道」を歩み始めます。

　「十人十色」という言葉の通り、生き方も価値観も人それぞれ。情報があふれ、選びとれないほど多様な選択肢がある時代の中で、自分らしく生きることはどんどん難しくなっています。そんな中、==不安を誰にも共有できない寂しさ==を感じたりする瞬間が、ふと訪れることがあるかもしれません。

　孤独は、いつもふいにやってきます。会社や学校では元気に振る舞っていたはずなのに、自宅の玄関に入った途端に深いため息。静かな部屋の真ん中で心の疲れがどっと押し寄せ、気がつけばその

場にぺたんと座りこんでしまう……そんな経験、ありませんか？

「私って、このままでいいの？」
「こんなに忙しくしていて、本当に意味があるの？」
そんな問いが心の中に浮かんできたときこそ、自分と向き合う「ひとり会議」の出番です。

このテーマでは、自分自身を褒め、自分の味方は他の誰でもない"自分"であることに気づくためのワークを用意しました。
心に孤独の波が押し寄せたとき、その波に飲み込まれないように自分の軸をしっかり持っておくことが大切です。それはあなた自身にしかできないことです。

自分で自分を支えることは決して簡単なことではありません。それでも「自分らしく生きたい」と願う信念や思いを言葉にして書きだすことが、心を整え、夢を叶える力を与えてくれるのです。

WORK
1

日々の小さな一歩
それこそが奇跡

　朝が来ることも夜が来ることも、すべて当たり前ではありません。むしろ、日々の積み重ねは奇跡の連続です。昨日はできなかったことが今日できるようになる、これも小さな奇跡と言えるでしょう。
　毎日一生懸命生きているからこそ、知らぬ間にイライラやモヤモヤが溜まり、心が悲鳴を上げることはありませんか？

　もしつらい感情が込み上げて不安でたまらなくなったときは、このワークに昨日の私よりも今日の私ができたことを書きだしてみてください。

　私にも、「もうダメかもしれない」と涙がとまらなかった夜が何度もありました。そんなふうに暗い夜の闇に包まれたときは、過去の自分よりも今の自分ができていることを書きだす習慣が私を助けてくれます。

　書くことで「新しいことを学んだ」「誰かに優しくできた」など、具体的にできたことわかり、自分の中にある小さな光を見つけだすことができます。
　「今日は早起きできた」「新しいレシピに挑戦できた」「たくさん寝ることができた」など、どんどん書いてみましょう。どんなささいなことも素敵な奇跡なのです。

記入日 20 / /

I achieved today

昨日の私より
今日の私ができたこと

 1
 2
3
 4
 5
 6
 7
 8
9
10

昨日より今日、今日より明日
焦らず、一歩ずつ
どんなときも、自分のペースで

WORK 2

たまには私にとびきりの「ありがとう」を

　せわしなくTODOリストをこなしていく日々。
　1回きりの人生、楽しい瞬間もあれば、なんだか同じことの繰り返しのようで退屈に感じてしまう瞬間もありますよね。人の心は天気みたいに、晴れの日もあれば雨の日もあるものです。
　たとえば、ふとSNSを開いたとき。友だちが楽しそうにしている投稿を見て「みんな充実してるなぁ」と感じたり、自分だけ取り残されているような気持ちになったりすることはありませんか？　そして、なんとなくモヤモヤしてスマホを閉じてしまう……。こういう経験、きっと誰にでもあるはずです。
　そんなとき、あたたかいミルクティーでも飲みながら、ひとり会議をしてみませんか？　書くことは、心にふんわりとした毛布をかけるように、あなたをそっと守ってくれます。書いているうちに「よく頑張っているよね」という優しい声が自分の内から聞こえてくるかもしれません。

　このワークは、毎日を一生懸命生きているあなたに、そして何かをつかもうともがいているあなたにおすすめのワークです。
　たまには自分にだって「ありがとう」と伝えていいのです。あなたの努力を一番わかってあげられるのはあなた自身なのですから。
　「いつも頑張っているよね」と、自分に優しく語りかけながら、自分自身に感謝したいことをリストアップしてみてください。

記入日 20 / /

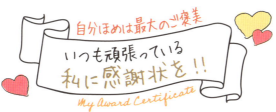

自分ほめは最大のご褒美
いつも頑張っている
私に感謝状を!!
My Award Certificate

1 _____を頑張っている私って偉い!

2 _____を頑張っている私って素敵!

3 _____を頑張っている私は（世界一）頑張り屋さん!

4 _____を頑張っている私ってすごい!

WORK
3

自分へのご褒美は
自分で用意してあげる

　大人になると、私たちが背負う責任やプレッシャーはどんどん重くなっていきます。その重圧やストレスに押しつぶされそうになることもあるでしょう。周りには「大丈夫」と笑顔を見せ、家族には「元気だよ」と伝えるけれど、心の中では少し無理をしている自分に気づくことはありませんか？

　以前、心療内科の先生から「無理のない範囲で自己完結を目指しましょう。自分の一番の味方は自分自身なのですから」という言葉をいただきました。この一言に、私は救われました。「自己完結」とは、「すべてをひとりで抱え込む」という意味ではなく、自分の感情を少しずつコントロールし、重圧やストレスでつらいときこそ自分で自分を支えてあげることだと思っています。

　自分を支える方法の一つとして、頑張った自分へご褒美をあげるのは、いかがですか？　前にも書いた通り、あなたの努力を一番理解しているのは、他の誰でもない、あなた自身です。だからこそ、自分に「よく頑張ったよね」と声をかけ、ご褒美を用意してあげましょう。
　このワークでは、「食べ物」「ファッション」「本」など、ジャンルごとにご褒美リストをつくります。いつも一生懸命な自分をねぎらうアイデアを、自由に書きだしてみてください。

記入日 20　/　/

私から頑張った私への
ご褒美メニュー

- FASHION
- BEAUTY
- BOOK
- FOOD
- STATIONERY
- TRAVEL
- SWEETS
- LIFESTYLE
- FAMILY
- LOVE

今日を乗り越えて明日も私らしく。

WORK
4

日常のふとしたサインを見逃さない

　夢や目標に向かう道のりには、不安との闘いがつきものです。しかし、そんな中でも、ふとした瞬間にいい「予兆」を感じさせるサインや、未来への道しるべとなるヒントに出会えることがあります。

　たとえば、「旅先に着いた途端に晴れた」「会いたいと思っていた人から連絡が来た」「神社にお参りしたら蝶が肩にとまった」など、日常の中で思いがけずHAPPYな瞬間が舞い降りてくることってありませんか？　そうした小さなサインは、未来からのささやかなメッセージかもしれません。

　そんな日常のささやかな「幸せのサイン」を見逃さないために、普段から書きとめておくことがおすすめです。このワークでは、あなたが見つけたHAPPYな出来事を書き残してみましょう。

　「ありがたいな」と感謝の気持ちを込めて書くのがポイントです。そうすることで、少し先の未来には、さらに大きなギフトがあなたのもとに届くかもしれません。目の前にあるポジティブな予兆を大切にすることが、未来の幸せをつかむカギとなるのです。

ポジティブな予兆を発見する

My Happiness

記入日 20   /   /

1 最近起きたHAPPYな出来事を書きだそう

1.
2.
3.
4.
5.

2 1の出来事がどんなHAPPYな未来につながっていると思う?
(例:願いが叶う前兆かも、素敵な出会いがあるかも)

1.
2.
3.
4.
5.

MEMO

WORK 5

日々の中で見つける幸せのかけら

　たとえば旅行に行ったときに、旅の仲間と「また来ようね」と約束することがありますよね。でも、その約束が果たされないままになることも少なくありません。同じ場所を同じ人と、もう一度訪れることができるのは実は特別なことであり、奇跡の積み重ねのようなものなのです。

　<mark>日常の何気ない瞬間も、実はすべてがかけがえのないものです。</mark>家族との食事、仕事仲間との夢のある語らい、好きな人とのおでかけ。これらは決して当たり前ではありません。お互いが元気で、不自由なく過ごせているからこそ生まれる尊い瞬間なのです。最近の予期せぬ災害を考えると、平穏な日常そのものが奇跡といえます。平和な日々がいつ崩れるかわからないからこそ、今この瞬間を大切にしたいものです。

　このワークでは、<mark>当たり前のようで当たり前ではない小さな幸せを</mark>、一つひとつ丁寧に数えていきましょう。
　周りの大切な人たちへの感謝や、今の環境への感謝を思い出しながら書いてみましょう。小さな幸せをリストアップすることで、せわしない日常の中でも心の平穏を保つことができます。自己肯定感を高め、幸せを再認識する機会としてください。

日常の何気ない光景に
心から感謝

小さな幸せ List
Little Happiness

記入日 20　／　／

① 最近、ちょっとでも感動した出来事があれば書きだそう

_____
_____
_____

② 周りの人の優しさを感じた瞬間はどんなとき？

_____
_____
_____

③ かけがえのない日常の中で、感謝したいことを書きだそう

_____
_____
_____

④ 明日からどのように感謝の気持ちを持ち続けるか考えてみよう

_____
_____
_____

書くことは生きること

THEME

ひとり時間は
自分を整える
大切なひととき

　学生時代、不登校を経験した私は、「ひとり」で過ごす時間が自然と多くなりました。その後、父を亡くしたことで、心にぽっかりと穴が空いたような感覚を抱えながら過ごす日々でした。

　ひとりで過ごす時間が多かった私ですが、この「ひとり時間」をどのように捉えるかによって、その時間の意味が大きく変わるのだと気づきました。

　==ひとり時間は、決してネガティブなものではありません。==むしろ、自分の気持ちや考えにじっくり向き合うことで、心を整えたり、前に進む力を得たりすることができる、とても貴重な時間です。

　自分が本当に大切にしたいものに気づいたり、周りの人のあたた

かさや感謝の気持ちを改めて実感したり、ひとりで過ごすからこそ気づけることがたくさんあります。

　また、ひとり時間は、普段なかなか挑戦できないことに取り組む絶好のチャンスでもあります。読みたかった本をじっくり読んだり、ずっと気になっていた場所に行ってみたり、趣味に没頭してみたり。「ひとり映画」や「ひとり旅」なんかもいいですよね。

　このテーマでは、「ひとり時間」をもっと楽しく、有意義に過ごすためのワークをお届けします。
　たとえば、丸一日を自分のためだけにプランニングしてみたり、突然訪れたひとり時間を活用してやりたかったことに挑戦してみたり。今だからこそチャレンジしたい「ひとり○○」を見つけてみるのも素敵です。

　お気に入りのカフェでゆっくりと書くのもよし、夜の静かな時間にリラックスしながら書くのもよし。自分のペースでひとり会議を楽しんでくださいね。

WORK 6

ひとり時間を計画的に過ごして本来の自分を取り戻す

　年を重ねると、体力の衰えを感じることが増えてきます。徹夜をしても翌日に影響がなかった昔と違い、回復に時間がかかってしまう……。こうした変化の中で、休日は心身を休めるために「ゆっくり過ごしたい」と考える人も多いでしょう。
　好きなときに食べて、テレビを観て、お腹いっぱいで体も心も満たされたまま、うたた寝をする。こうした自由気ままなひとり時間は、心と体をゆるめてくれる、贅沢なひとときです。
　そんなゆっくりする時間も大切ですが、一方で、計画的にひとり時間を過ごすのもおすすめです。無計画だと一日中ダラダラしてしまい、かえって十分な回復が得られないこともあります。たとえば、掃除は朝に、趣味は日中に、読書は静かな夜に設定するなど、あらかじめ計画しておくことで、充実したひとり時間を実現できます。

　ひとり時間は、==自分をありのままに認め、エネルギーを充電するための重要な時間です。==ゆっくりと自分を休ませることで、仕事や家事に向き合う力が再び湧いてきます。

　あたたかい飲み物を片手に、じっくりと計画を立ててみましょう。ひとり時間は、日々の喧騒から離れ、本来の自分を取り戻すための大切なひとときなのです。

記入日 20   /   /

私のひとり時間を
丸1日徹底プランニング
Let's do our best today!

8:00
〜
12:00

12:00
〜
15:00

15:00
〜
18:00

18:00
〜
21:00

21:00
〜
24:00

WORK
7

突然のひとり時間でも
ごきげんでいられるように

　友だちと待ち合わせしていたら、急に「体調が悪くなって行けない」と連絡が入ることがあります。予定通りにいかないことへの不満や、直前キャンセルへの不信感を抱くかもしれません。しかし、誰でも体調不良でキャンセルせざるを得なかった経験はあるはずです。

　私自身どうしても起きあがれなくなったり、急に貧血を起こしたりして、ドタキャンをすることもありました。そのたびに誤解され、傷ついたこともあります。
　この経験から、私はドタキャンされたときに不満を抱く代わりに、**突然できたひとり時間を有効活用することが重要**だと気づいたのです。急に友だちから「ごめんね」と言われて約束がキャンセルになっても、あらかじめ「**ひとり時間でやりたいことリスト**」を用意しておくと「これから自由な時間が過ごせる」と前向きに考えられるようになり、気持ちの切り替えがスムーズになります。

　ひとり時間を大切にできる人は、人との交流も楽しめます。「連絡をとってくれてありがとう」と自然に言える心の余裕が生まれるので、ドタキャンされたとしても「お大事に」と言えるようになるのです。
　体調不良は誰にでも起こり得ること。ひとり時間の準備ができていれば、マイナスな感情に支配されずに、充実した時間を過ごせるはずです。

記入日 20　/　/

思いがけず
ひとり時間ができたときにやりたいこと
Time by Myself

1 突然2〜3時間、ひとり時間ができたら、何をしたい？ 思いつくことを書きだそう

2 ひとり時間があったら行ってみたい場所は？

3 ひとり時間を使って進めておきたい家事を書きだそう
（例：お風呂掃除を丁寧にする、観葉植物の手入れをするなど）

4 今まで書いたことの中から、特に実行したいことを選び、具体的な「やりたいことリスト」を作成してみよう

WORK 8

「ひとり〇〇」は
新しい世界を見せてくれる

　学生時代は友だちと長い時間を過ごし、楽しい思い出がたくさんあったかもしれません。一方で、社会人になると、仕事やライフスタイルの違いから、だんだんと友だちと会う機会は減り、ひとりで過ごす時間が増えてきます。この変化に寂しさや不安を感じ、「私、このままでいいの？」と悩むこともあるかもしれません。

　そんなときこそ、「ひとり〇〇」に挑戦してみませんか？ 「ひとり旅」「ひとりカフェ」「ひとり映画」など、ひとり時間は自分の世界を広げ、新たな喜びを見つける素敵な機会です。ひとり時間が増えてきた今だからこそ、自分のペースで思いきり楽しめることがたくさんあります。

　このワークでは、まずこれまでやってきた「ひとり〇〇」を振り返り、自分にとってどんな価値があったかを考えてみます。次に、新たに挑戦してみたい「ひとり〇〇」を思い描き、それを実行するため具体的な計画を立ててみましょう。

　このワークを終えると、「ひとりの時間って意外と楽しいかも」と思えるようになるはずです。あとは実際に行動を始めれば、ひとり時間がもっと充実し、新しいことを挑戦している自分にワクワクしてくることでしょう。

COLUMN

ひとり会議のコツ1
ひとり会議におすすめの文房具

　ひとり会議の相棒、文房具。せわしない毎日を自分らしく歩むために必要なアイデアやひらめきを一緒に考えてくれる大切な人生の伴走者です。
　私のひとり会議をいつも支えてくれるお気に入りの文房具を紹介します。

①ナカバヤシ ロジカル・プライムWリングノート（無地）

　市販のノートでひとり会議をする際は、こちらがおすすめです。文房具の中でも一番のお気に入りです。ボールペンや万年筆で紙に書きだしたとき、文字を受け止めてくれる感覚があります。紙質もかたすぎず、やわらかすぎず、のびのびと大きな文字でひとり会議をしたい人におすすめです。線が入っていると少し制限を感じてしまうので、私はいつも無地タイプを選んでいます。カフェでひとり会議をするときは必ず持っていって、思考や感情をゆっくり整理します。

②三菱鉛筆 ジェットストリーム スタンダード1.0mm　黒

　ナカバヤシのプライムノートとジェットストリームは、一番心地よい組み合わせです。私は文字を大きく書くタイプなので、太めの1.0mmを使用しています。最初は0.7mmを使いましたが、書き心地に少し

繊細さがあるため、より太い芯に変えたらしっくりなじみました。

③万年筆

　30代も半ばにさしかかり、今までとは少し違うスタイルでひとり会議を楽しみたいと思い、銀座伊東屋で万年筆を購入しました。コンシェルジュさんに相談しながら選び、今は万年筆とボールペンを気分に合わせて使い分けています。

　文房具は私のひとり会議をいつも優しく支えてくれます。ボールペンはアイデアや感情を書きだすのを一緒に手伝ってくれますし、いつものお気に入りのノートは、誰にも言えない孤独を全身で受け止めてくれます。

　つい「いつも一緒にいてくれてありがとう」と声をかけたくなる、そんな使い心地のよさとあたたかさのある文房具たち。あなたもお気に入りの文房具と出会って、自分自身の心をいきいきとしたエネルギーで満たしましょう。

PART 2

人生とキャリア

夢・目標・ライフプランを見直すためのひとり会議

THEME

なりたい未来を具体的に想像する

「目標や夢は、その人が実現できることだから頭の中に思い浮かぶんですよ」

これは、昔、私の大切な恩人が教えてくれた言葉です。

どれだけ努力しても思うような結果が得られない時期は誰にでも訪れます。何をどう頑張っても、花が咲くどころか芽吹きさえもしない。そんな日々が続くと、進んでいるのか後退しているのかさえわからなくなり、努力と結果のギャップに耐えられなくなります。

そんなときこそ、大切なのは夢や目標をもう一度思い出すことです。なぜ自分はここまで時間とエネルギーをかけて走ってきたのか。原点を思い出すきっかけを自分でつくってあげる必要があるのです。そうすれば、まだモチベーションを上げることができます。

また、「憧れ」を思い出すことも重要です。ゴールにたどりつく道すじが見えない時期は、その夢を実現している憧れの人の姿を観察したり、その人との違いを考えることで、自分に足りない部分や成長していくための方向性が見えてくるはずです。

　今のあなたには、なりたい未来がはっきり見えていますか？

　このテーマでは、ワークを通じて、自分の本心を見つめ直し、本当に目指したい未来を具体的に描く時間をつくります。

　夢や目標を追いかけているときほど、忙殺されやすく、本来の思いを忘れがちになります。でも、改めて未来を見つめ直すことが、目の前の高い壁を突破するカギとなるのです。

　さらに、ゴールを考えるときには、「結婚しなければ」「子どもを産まなければ」「会社で働き続けなければ」といった、社会的な常識や固定観念から自分を解放してあげることも大切です。
　そうした思い込みや執着を手放した先に、本当に自分らしい生き方と、心の底から魂が輝きだすような未来予想図が浮かびあがってくるのです。

WORK
9

「憧れ」に近づく努力が
あなたの未来を輝かせる

　人生は山あり谷あり。喜怒哀楽と向き合い、心のバランスを保つのは大変です。壁にぶつかったときに助けてくれるのは「あの人みたいな生き方をしてみたい」という気持ちです。

　憧れの人のInstagramを見ているだけでワクワクしたり、その人の言葉が、特に心に染みわたったりしますよね。今すぐに憧れの人のような生活を実現できなくても、自分がその人のどんな部分に惹かれているのかを知ることはとても大切です。

　このワークでは、まずは人生のロールモデルとして憧れている人を3人書きだし、その理由を考えましょう。ファッションセンスや生き方、世界観など、「素敵だな」と漠然と思うだけでなく、憧れている部分を掘り下げることで、自分のなりたい未来がはっきりと見えてきます。

　次に、憧れの人に近づくためには具体的にどんな行動をとったらいいのかを考えます。いきなり全部を真似することはできなくても、たとえば、その人がよく読んでいる本を手に取ってみたり、Instagramで紹介していたお気に入りのカフェに行ってみたり、話し方や立ち振る舞いを少し意識してみたり、今の自分にできる範囲のことから始めましょう。

　自分と向き合い、行動に移す。小さな努力の積み重ねによって、数年後にはあなたも憧れの人のように輝いているはずです。

記入日 20　/　/

もっともっと、輝きたいから
人生のロールモデルを設定して さらに前へ前へ！

憧れの人
1 ＿＿＿＿＿＿＿＿＿＿ さん

・理由→

・憧れの人になるためのアクション→

憧れの人
2 ＿＿＿＿＿＿＿＿＿＿ さん

・理由→

・憧れの人になるためのアクション→

憧れの人
3 ＿＿＿＿＿＿＿＿＿＿ さん

・理由→

・憧れの人になるためのアクション→

Life is beautiful！

WORK 10

大切な夢は密かに書いて お守りにしよう

　SNSが普及して、それまで見えなかった他人の情報が一気に見える時代になりました。同時に、自分の情報も簡単に全世界に発信できるようになりました。SNSは多くのチャンスを与えてくれますが、自分の経験や感情をすべてシェアすることには違和感を覚えます。
　私の経験から感じることは、大切な夢ほど簡単に人に言わないほうがいいということです。
　「誰にも言わず、ひたむきに努力する」と決めた覚悟は、内面から滲みでて、自然と伝わるものです。実際、私がチャンスを引き寄せ、形になり始めていることも、努力の過程は言わずに歩んできたからこそだと感じています。
　ひとりで黙々と夢に向かって走っている間は、心はまるで長距離マラソンのような状態。前に進むたび、新たな課題が待っています。走り続けるつらさを誰にも打ち明けられず、精神的に不安定になることもあるでしょう。

　このワークでは、誰にも言わないけれど本当は叶えたい夢を書きだすことで、心の中を整理して、自分だけの「お守り」として大切に育てます。大切な夢ほどそうたやすく言えないもの。夢が叶うまで、ワークがあなたを見守ります。壁にぶつかったときは、このページを振り返ってみてくださいね。

記入日 20　/　/

\ My Dreams /
叶わない！なんて思わず本音をぶつけて

誰にも言わない
本当は叶えたい夢リスト

No.1

No.2

No.3

No.4

Dreams Come True!

WORK
11

忙しい毎日だからこそ
遠くの未来を見据える時間を

10年後のあなたは、どんな未来に立っているでしょうか？

その通りになるかどうかはさておき、未来を思い描く時間は、不確かな日々の中で指針を見つけるためにとても大切です。なぜなら人生は変化の連続で、私たちは明日どんなことが起きるか予測できない不安を常に抱えながら日々を過ごしているからです。

「10年後の未来なんて、逆算するように今を生きていないからわからない」と思う人もいるかもしれません。でも、ここではあえて10年後の未来を想像してみることをおすすめします。

私自身も、20代から30代までがあっという間だったと感じるように、10年の月日は長いようで一瞬にして過ぎ去ります。仕事や家事、子育て、何かに追われているうちに、1年なんて瞬く間に終わってしまいます。

そんな時間感覚で生きている私たちだからこそ、一度立ち止まり、10年後を見据えて、今の自分が何をすべきか考える時間をぜひとってください。

もし、何も見えてこないときは、少し休憩をはさむか、別の日にまた自分自身に聞いてみるのもおすすめです。ゆっくり、時間をかけながら未来予想図を一緒につくってみましょう。

記入日　20　　／　　／

10年後までに 達成したいこと10個

達成Check!

\# 1 ♛

\# 2 ♛

\# 3 ♛

\# 4 ♛

\# 5 ♛

\# 6 ♛

\# 7 ♛

\# 8 ♛

\# 9 ♛

\#10 ♛

✎ 書きだしてみて思ったこと、気づいたこと

WORK
12

自分と向き合い
人生の波を把握する

　これからの1年は、どんな1年にしたいですか？
　目標を立てるのは1年の始まりと決まっているわけではありません。自分の好きなとき、そう、==今だっていいのです。==
　仕事や趣味、資格、人によっては恋愛など、目標を達成できてうまくいった年とそうではない年が今までにもあったのではないでしょうか。

　このワークでは、今後1年の方向性を定めていきます。==現状維持を選ぶのか、それともステップアップに挑むのか==、今の自分の状況とよく向き合って考えてみてください。

　人には積極的に攻めたいと思う時期とどうしてもお休みモードになる時期があります。私自身、父が亡くなってからの4年間は気持ちが塞がり、なかなか前に進めませんでした。人生の大きなお休みをとっていたような感覚です。でもそのあとは、それまでが嘘だったかのように物事が前に進みはじめたのです。

　現状維持を選ぶことも成長を求めることも、どちらも大切な選択です。たとえば家族が療養しているなど、自分以外の理由で現状維持を選ばざるを得ない人もいるでしょう。今の自分が置かれている状況やバイオリズムを把握し、自分のペースで有意義に1年を過ごすための方向性を設定することが大切なのです。

記入日 20 / /

大切なことを見つけよう
人生の方向性を ひとり会議で定める
Find a Direction in Life

What is your goal for this year?

1 現状維持？ ステップアップ？
今後の1年はどんな年にしたい？

2 その理由を考えてみよう

3 プライベートと仕事、理想のバランスを考えてみよう

WORK
13

目標を認識することが
夢を叶える第一歩

　流れ星に願い事をすると、夢が叶うと古くからいわれています。一瞬で過ぎ去る流れ星に願い事を唱えられるということは、普段からいかに夢に対して本気で取り組んでいるかを問われているのかもしれません。どんなときも「私は絶対に夢を叶える」と明確に自分自身が理解して実現に向けて努力していなければ、急に現れる流れ星に願い事を唱えられないのです。

　ところで、夢や目標には定期的な整理整頓が必要です。時間とともに自分を取り巻く環境も変化し、それまで持っていた夢や目標に違和感を抱くこともめずらしくありません。常に今の自分と夢との間の「調整」が求められるのです。

　このワークでは、ワーク11「10年後までに達成したいこと10個」と比べて、より短いスパンで実現したい夢や目標について考えます。1年後、あなたはどんなことを成し遂げていたいですか？　思いつくことを書きだしてみましょう。

　目標を認識することが、夢を叶えるうえでの最初の一歩です。夢を認識できているかどうかは、普段の行動力にも影響します。
　大切なのは、多忙な日々の中で、自分の心の中にある夢という原石を見つけだし、意識することなのです。

1年以内に達成したい 10個の目標

1年の目標を一言で！

記入日 / ( )

1.
2.
3.
4.
5.
6.
7.
8.
9.
10.

最初に叶えたい目標は？

一番叶えたい仕事の目標は？

一番叶えたいプライベートの目標は？

WORK 14

大人になっても
学び続ける楽しさを味わう

　私が毎日ひとり会議を続ける中で気づいたこと。それは、過去の自分に対して一番後悔しているのが「もうちょっと勉強しておけばよかったな」ということでした。
　「もっと英語を勉強しておけばよかった」「時間があるうちにたくさん本を読んでおけばよかった」など、学びへの後悔は、誰しも一度は感じたことがあるかもしれません。

　このワークでは、資格取得をテーマに目標を書いていきます。
　すでに何らかの資格取得に向けて勉強を始めている方もいるかもしれませんが、ここでは改めて「どの資格を目指すのか」「目標達成までの期日」を具体的に考え、書きだしてみましょう。また、余裕があれば、その資格を自分の人生でどう活かしたいかまで考えます。

　日々、仕事や家事、子育てに追われているからこそ、資格取得の勉強が束の間の気分転換になることもあるので、資格に興味のない人も一度検討してみるのもおすすめです。
　合格を目指す過程で思うように進まなくても、諦めずに学び続けることが大切です。その努力は、自分自身を磨く大切な時間になり、未来の自分にとって大きな財産となるでしょう。

To get certified 記入日 20 / /

自分磨きをいつまでも楽しみたい！
いつか合格したい資格リスト

資格 1 _____

・学んでみたい理由は？
_____

・合格したあとの資格活用プラン は？
_____

年 / までに合格する

資格 2 _____

・学んでみたい理由は？
_____

・合格したあとの資格活用プランは？
_____

年 / までに合格する

資格 3 _____

・学んでみたい理由は？
_____

・合格したあとの資格活用プランは？
_____

年 / までに合格する

____ 個の資格取得を目指して勉強を楽しみます！
　　　年　　月　　日

WORK 15

昔の自分より成長したこと
もっとできること

　10代のころの自分と比べると、今の自分はどんなふうに変化しましたか？　それとも根本的には変わっていないでしょうか。

　私は最近、仕事を理由にして、学生時代は必死で頑張っていたはずの「勉強」に時間を費やしていないことに気づき、ふと反省しました。勉強できる時間はあるはずなのに、その時間はスマートフォンで動画を観たり、SNSを見たり……。「仕事が忙しくて勉強する時間がない」は、自分への言い訳だったのかもしれません。

　皆さんも、10代のころの自分と今を比べてみてください。今の自分のほうが何倍も頑張っているなら、それは素晴らしいことです。しかし、改めて振り返ってみれば、昔の自分のほうが純粋に前を向いて頑張っていたこともあるかもしれません。

　このワークでは、過去の自分と現在の自分を比較して、自分の今までを振り返る時間を持ちましょう。自分自身を見つめ直す中で、「こうしたらもっと未来が充実するかもしれない」と思うことがあれば、どんどん書きだしてください。

　今10代の皆さんは、少し前の自分（今、高校生なら中学生時代）と比較して自分の成長を読み取ってみてください。たった数年でも、人は変化をしはじめているものです。

記入日 20   /   /

10代の私と今の私を比べてみる
To yourself in 10 years

1 今の私よりも10代の私のほうが頑張っていたことは?

2 10代の私よりも今の私のほうが頑張っていることは?

3 10代の私がやっていたことで今の私にもいかせることは?

4 今の私から10代の私に伝えたいメッセージを書こう

THEME

自分にとっての「自立」とは？

　「自立」とは、誰かに判断を委ねず、自分の意志で行動すること。そして、他者や組織に過度に依存せず、自分の力で人生を歩むことです。

　私にとって、この言葉は少し耳が痛いものです。30歳近くまで実家で暮らしていた私が、精神的にも経済的にも初めて自立したのは、父の死をきっかけにひとり暮らしを始めたときでした。

　不登校だった私にとって、両親は唯一信じられる存在でした。そのため、両親への依存心や結びつきは人一倍強かったと思います。友だちを信じられなかったときも、両親だけは私を全力で支えてくれました。そんな私が親元を離れたとき、心療内科の先生から「自立のタイミングは人より遅かったかもしれないけれど、よくここまで頑張ったね」と言われたことが、心に残っています。

このテーマでは、あなた自身の「自立」についてじっくり考えてみましょう。一口に「自立」と言っても、精神的な自立や、経済的な自立、自分らしく働くためのキャリアプランの見直し、親孝行など、さまざまな形があります。

　現在では、多様な生き方が認められ、それぞれが自分に合った「正解」を見つけることが求められています。
　精神的にも経済的にも自立し、自分らしい働き方や生き方を選び取ることは、決して簡単ではありません。だからこそ、今できることを少しずつ積み重ねていくことが大切です。

　自分らしい生き方を問い続け、迷いながらもそれを行動に移していきましょう。ある日、振り返ったときに「あれが私の道だった」と胸を張れる瞬間が、きっと訪れるはずです。

WORK
16

精神的な依存から卒業し
自分らしい未来を描こう

　精神的な自立とは、自分の人生を自分でデザインする力を持つことです。このワークでは、そんな精神的な自立を目指すために、自分の状況を見つめ直し、これからの行動を考えていきます。

　まず<mark>「今、私は誰かに依存しがち？」</mark>と自分に問いかけてみましょう。「親から離れて暮らすのが不安」「パートナーに感情面で依存してしまう」といった、自立を妨げている課題があった場合、今の現状をそのまま書きだしてみましょう。

　次に、もし依存していることがあったならば、その依存から自立するために、どんなことが必要か考えてみます。今の自分にできることは何でしょうか？　たとえば、「ひとりで小さな決断をする」「趣味やスキルアップで自分の時間を充実させる」など、具体的なアクションを書いてみましょう。

　最後に、10年後の理想の自分像を描いてみましょう。どんな生活を送り、どんな仕事や趣味に打ち込んでいるでしょうか？　その未来の自分に向かうために、今からできることを考えることは、精神的な自立につながる大きな力となります。ワーク11「10年後までに達成したいこと10個」も参考にしながら考えてみてくださいね。

　あなたの「人生」というシナリオを書けるのは、あなたしかいません。小さな一歩を重ね、自分だけの未来を描いていきましょう。

凛とした私になりたい！
精神的自立を目指して今からできること
Things to do

記入日 20　/　/

1 今、誰かに依存しがち？

2 依存しがちなら、どうしたら卒業できそう？

3 精神的な自立を目指して、今すぐできることを考えよう

4 10年後の理想の自分像を考えてみよう

I just do what I can do for now.

WORK
17

未来に備えて「お金」について考える

　毎日を楽しく過ごしているけれど、これからの人生を考えていく中で、ふと、将来のお金に不安を感じることはありませんか？

　大切なのは未来を案じることではなく、今できることを見つけて行動し、その不安を少しずつ軽減していくことです。自分の背負う不安という荷物を軽くできるのは結局のところ自分自身しかいません。特に「お金」の問題は、自分で解決していかなければなりませんよね。

　このワークでは、これからの自分の人生を支える「お金」について考えます。
　最初に、今の経済的な自立度を分析します。たとえ今は自立できていなくても、自分を責める必要はありません。これからの行動次第で未来は変えられます。
　また、収入を増やす方法や、NISAやiDeCoの活用など、具体的な資産づくりについて検討しましょう。現在では、副業をしている人や、キャリアアップのために資格に挑戦する人も増えています。
　固定観念にとらわれず、今の働き方を見直すことが、お金の悩みから解放される第一歩となるでしょう。

記入日 20 　/　 　/

ひとりでも生きていけるように
お金の不安を解消しよう！

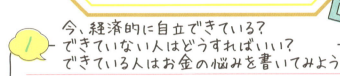

1 今、経済的に自立できている？
できていない人はどうすればいい？
できている人はお金の悩みを書いてみよう

2 収入を増やすために何をする？

3 「NISA」や「iDeCo」など、投資は検討する？

4 最終的な理想の状態を書いてみよう
（年に1回は海外旅行に行きたい！○歳までに貯金をいくらにしたい！）

WORK

18

自分らしい働き方って何だろう？

　昔と比べ、働き方は大きく変化しています。コロナ禍をきっかけに在宅ワークが広がり、状況が落ち着いた現在でも、在宅と出社を選択できるハイブリッド方式が多くの会社に定着しています。
　仕事の形態も多様です。会社員だけでなく、フリーランスや起業、副業など、さまざまな選択肢があります。大切なのは、**自分が心地よい働き方とワーク・ライフ・バランスを見つけること**です。そして、そのための手段として、ひとり会議を活用してください。

　このワークでは、キャリアに関する設問を通じて、現状分析から始め、理想の働き方を描き、さらに課題を乗り越えるための具体的なアクションプランまでを考えていきます。
　キャリアに関する問題は、すぐに答えが出ないものも多いかもしれません。無理に結論を急ぐ必要はなく、**自分と向き合う時間そのものを大切にしましょう**。

　自分らしい働き方を見つけるのは、実はすごく大変。最初は「これでいい」と思っても、実際に進めてみると違和感を覚えることもあります。失敗を恐れず現状の課題に向き合い、それを乗り越えるための作戦をこのワークを通じて一緒に考えていきましょう。

記入日 20 / /

自分らしく働くために！
キャリアプランを見直そう

① 今の仕事に満足している？
　現状の満足度を考えてみよう

② 理想の働き方を考えてみよう

③ 理想の働き方をするために
　今足りないものやハードルはある？

④ そのハードルを越えるために
　今からできることを考えてみよう！

WORK
19

後悔しないように
自分なりの親孝行を考える

　父の余命がわずかだとわかったとき、私は心の中でたくさん後悔しました。ウエディングドレス姿を見せるべきだったのか、プライベートより仕事を優先してきてよかったのか、父との死別後も自分を責める日々が続きました。
　この経験から今思うのは、==親が元気なうちに自分ができる範囲で親孝行をしておくことが、自分のためにも親のためにもなる==ということ。社会で一般に言われがちな、結婚や出産をしなければいけないという話ではなく、==自分なりの親孝行の形を考える==のが大切です。

　とはいっても、親との関係性や状況は人によってさまざまです。今具体的に親孝行のプランを考えられない状況の人は、親に対して思っていることを書くなど、自分の状況に合わせてアレンジしながら、ひとり会議を進めましょう。
　このワークでは、子どもの立場から考える親孝行のあり方と、親自身が思う親孝行の姿とのギャップを埋められるように設問を設定しています。
　これをきっかけに、家族との対話の時間を大切にしながら、どんなことをすれば自分も親も納得できるのか、じっくり考えてみてください。

記入日 20　 /　 /

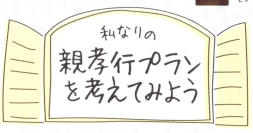

私なりの親孝行プランを考えてみよう

1 今の環境で行動に移せる親孝行プランを考えてみよう
.
.
.

2 実際に親が望んでいる親孝行は何かを聞いてみよう
.
.
.

3 1と2で書いた親孝行プランに優先順位をつけてみよう
.
.
.

4 今は難しくてもいつかは叶えたい親孝行プランは?
.
.
.

PART

3

趣 味

私の時間を
充実させるための
ひとり会議

THEME

芸術や文化に触れて日々を充実させる

　美術館に足を踏み入れると、静寂に包まれた特別な空間が広がります。展示作品からはつくり手の魂の声が、時代を超えて現代の私たちへ語りかけてくるようです。あの独特の空気感は、日常では味わえないものです。そして、美術館を訪れるたびに感性が刺激され、新たな視点が見つかります。

　とはいえ、時間やお金の制限がある中で美術館を定期的に訪れるのは難しいもの。だからこそ、行きたい場所や観たい作品を日ごろからきちんとリストアップしておくことで、芸術に触れる機会をもっと楽しめるのではないでしょうか。

　このテーマでは、美術作品に限らず映画や音楽といったさまざまな芸術に目を向けていきます。特に、「つらいときに支えてくれた名曲Top5」はこれまでの自分を振り返りながらも、今の自分にも

いかせるおすすめのワークです。

　私は、KANさんの「愛は勝つ」を聴きながら、大学受験を頑張っていました。歌詞とメロディーが心の奥深くまで染みわたる名曲ですが、今でも仕事中によく聴いて、その当時の頑張りを思い出しながらモチベーションを上げています。

　昔、聴いていた名曲は、大人になっても自分を支えてくれるのだと改めて感じています。

　また、芸術だけでなく、読書についてのワークも用意しています。読書は現実世界から少し離れて、新しい世界や考え方を知るきっかけをくれるものです。物語に心が揺さぶられたり、知らなかった言葉や知識に出会うことで、私たちの日常は新鮮なものになります。

　芸術や文化に触れて感性を磨くことは、日々の生活を豊かにし、困難なときを乗り越えるための直感や新たな視点を与えてくれます。

　なかなか美術館まで足を運ぶ時間や習慣がなければ、まずはお気に入りの音楽を聴いたり、おうちで本を読んだりすることから始めてみましょう。それでも感性は十分に刺激されるはずです。

WORK
20

映画鑑賞で非日常を味わおう

　映画館で映画を観るひとときは、少しの間だけ日常と距離を置ける特別な時間です。
　仕事や家事など、やるべきことに追われる毎日でも、映画なら手軽に非日常を体験できます。旅行のようにまとまったお金や時間をかけずともできるので、普段のご褒美として気分転換するのに最適です。
　とはいいつつ、日々の予定と映画館のスケジュールを合わせるのも実はなかなか大変。「この時間に行きたい！」と思っても、上映時間が合わないこともしばしば。そんなときは、観ておきたい映画リストをあらかじめつくっておくと便利です。映画館に行くタイミングをつくりやすくなり、毎日がより充実することでしょう。

　このリストは、映画館での鑑賞に限定する必要はありません。映画館が苦手な人や、行く時間がないという人は、おうちで観たい映画をリストアップしてみてください。新作でも名作でも、お好みの作品を自由に書きだしていきましょう。

　余裕があれば、誰と観るか、ひとりでじっくり観るかも書き添えます。家族や友人と楽しむのも、ひとりで没頭するのも素敵な時間になるはずです。ぜひ、自分らしいスタイルで映画を楽しんでください。

記入日 20 / /

現実から物語の世界へ
観ておきたい映画リスト
List of Movies

観たい作品
観てみたい理由

観たい作品
観てみたい理由

観たい作品
観てみたい理由

観たい作品
観てみたい理由

WORK
21

美術館で心が震える体験を

　最近、美術館には行きましたか？
　大人になった今だからこそ美術館や映画館のような知識や教養を深める場所へ行くことが必要だと感じるものの、日々のやるべきことに追われ、足が遠のいてしまうこともありますよね。そんな中、久しぶりに美術館を訪れ、静寂に包まれた空間で作品と向き合えたときは、心が震えるような感覚を味わうものです。

　このワークでは、国内外問わず、行きたい美術館をリストにしてみましょう。さらに、その美術館に行きたい理由も一緒に書きだしてみましょう。展覧会のテーマに共感できるときもあれば、単に作品のファンだから行きたいなど、理由はさまざまです。そのときの思いを書きとめておけば、後々の人生のヒントになるかもしれません。

　併設のミュージアムショップでほしいものがあれば書いておくのもおすすめです。レストランやカフェで飲食したいものも余白に書き込んでみてくださいね。
　学生時代、気分転換に母が美術館へ連れていってくれた経験があります。それが、自分にとって特別な思い出になったので、一緒に行きたい人をメモしておくのもいいかもしれません。

記入日 20 / /

いつか行ってみたい 美術館リスト
Art Museum & Gallery

 1 美術館の名前
行きたい理由・観たいもの

 2 美術館の名前
行きたい理由・観たいもの

 3 美術館の名前
行きたい理由・観たいもの

4 美術館の名前
行きたい理由・観たいもの

WORK
22

名曲はいつだって
あなたの人生を支えてくれる

　つらいときに、よく聴いていた懐かしい一曲。街中で流れていたのを耳にして、ふと昔の記憶がよみがえることもありますよね。
　家族が好きな曲を一緒に聴いているうちに自分にとっても大切な曲になったり、過去の恋愛の思い出とともに心に刻まれた曲があったり、その歌詞やメロディーは私たちの心をいつの日も癒やしてくれます。そして、時代を超えて多くの人に愛され続けている名曲もたくさんあります。
　音楽は、自分の人生を彩る大切な存在です。無意識に聴いているその曲が、実はこれからの人生においても、あなたを支えてくれる名曲になるかもしれません。

　このワークでは、つらいとき人生の支えとなってくれた「私にとっての名曲」を5曲選んで、その曲との思い出を書いてみましょう。

　このワークをつくったきっかけは、私自身がプレッシャーと闘っているとき、いつの間にか昔聴いていた曲を再び聴くようになっていると気づいたことでした。自然と自分を勇気づける音楽を選んでいたことは不思議ですよね。

　音楽の持つ力を、もう一度感じてみませんか？　思い出の一曲が、きっとあなたの心をこれからもそっと支えてくれるはずです。

記入日 20 / /

ほんの少し過去にタイムスリップ！
つらいときに支えてくれた 私の名曲 Top5

1位 曲名：
この曲との思い出：

2位 曲名：
この曲との思い出：

3位 曲名：
この曲との思い出：

4位 曲名：
この曲との思い出：

5位 曲名：
この曲との思い出：

WORK
23

本との一期一会を大切に

　本屋さんに足を踏み入れた瞬間、どこからか香る紙のにおい。それだけで心が癒やされます。一歩中に入れば、ずらりと並ぶ本たちが目に飛び込んできます。その場に集結した膨大な知恵や物語の数々を目の当たりにすると、心が震え、感動を覚えます。

　本を読むことは旅をすること。ページをめくるたびに新たな発見やヒントに出会え、現実から少し離れて心が自由になる感覚は、旅とよく似ています。ビジネス書でも小説でも、本を開き新たな知識を吸収する過程は、冒険とも言えます。

　気になる本を手に取るたび「あれもこれも買いたい！」と気持ちが膨らみますが、予算の都合で泣く泣く諦めることもあります。けれでも、心が震えた本との出会いは一期一会。別の本屋さんでは巡り会えなかったり、そのままうっかり忘れてしまうこともあります。

　だからこそ、読んでみたい本はリストにしておきましょう。書きとめておけば忘れることはないですよね。「そうそう、この本がほしかったんだ」と気づくことができれば、別のタイミングで買うことができます。

　本との素敵な出会いを、ぜひ大切にしてください。

記入日 20 / /

Book List
いつか読んでみたい本のリスト

1 タイトル　　　　　作者　　　Getしたら Check!

2 タイトル　　　　　作者

3 タイトル　　　　　作者

4 タイトル　　　　　作者

5 タイトル　　　　　作者

6 タイトル　　　　　作者

7 タイトル　　　　　作者

MEMO

WORK
24

豊かな語彙が
人生をよりよくする

　自分の知らない世界へと導いてくれるのが読書の時間です。新しい言葉に触れる時間でもあります。
　知っている語彙の幅が広がれば、仕事においても説得力が増し、今までなかなか開拓できなかった道にも希望が見えてくるでしょう。

　本を読み進めていくうちに初めて出会った言葉があったなら、一度そこで立ち止まり、その意味を調べてみましょう。辞書があると、より知的な時間になりますが、辞書が手元にない場合はネットなどで調べるのもひとつの手です。ぜひ書き込んでみましょう。
　このワークでは4つの言葉まで書きだせるようになっています。もしひと通り書いてまだ余力がある場合は、自分ならその言葉をどんな場面で使うのか例文を考えてみるのも楽しそうですね。インプットのあとの軽めのアウトプットです。日常のシーンに言葉を落とし込むことで、あなたの語彙はもっと豊かになります。

　==言葉は私たちにとって宝物です。==ひとつひとつの言葉をかみしめながら本を読み進めましょう。自分だけの言葉の世界をゆっくりとお楽しみくださいね。

記入日 20　/　/

本を読んでいて初めて知った言葉とその意味を大切に保存

新しい言葉との出会いは宝物

1 初めて知った言葉

意味：

2 初めて知った言葉

意味：

3 初めて知った言葉

意味：

4 初めて知った言葉

意味：

KOTO NOHA

THEME

頑張っている姿を応援することが心の充電

あなたには、夢中になれる何かがありますか？

夢中になれるものがあると、毎日が楽しくなりますよね。最近は「推し活」ブームで、関連グッズやイベントも増え、今や文化のひとつとして広がりを見せています。

熱心な推し活はしていなくても、「なんとなく気になるアイドルがいる」「好きな曲があるからライブに行く」という人も多いのではないでしょうか。誰もが心のどこかで、生きる支えとなる「好きなもの」を求めているのかもしれません。

突然ですが、推しがいる人に質問です。==なぜその推しに心が惹かれるのか、じっくり考えたことはありますか？== 「かわいい」「かっこいい」だけでなく、そこには自分の中の憧れや願望が隠れている

ことがあります。

　たとえば、推しの努力する姿に「私もこんなふうに頑張りたい」と思ったり、堂々とした振る舞いに「もっと自信を持ちたい」と感じたことはありませんか？

　推しに惹かれる理由を深掘りしてみると、普段は気づかない「こうなりたい」「こう生きたい」という自分自身の姿が見えてくることがあります。それは、あなたの中に眠る情熱や価値観を見つけるきっかけになるかもしれません。

　このテーマでは、そんな「推し」を通じて、自分の価値観や心の中にある「憧れ」を見つけるワークを用意しました。すでに推し活をしている人はもちろん、「まだ推しはいない」という人も、この機会に「なんとなく気になる」「ちょっと好きかも」と思えるものを探してみてください。

　「推し活」は、ただ楽しむだけでなく、あなた自身の心を輝かせるきっかけになります。この機会に、あなたの「好き」と向き合い、日常をもっと楽しく彩ってみませんか？

WORK
25

「推し」が教えてくれる
意外な気づき

あなたには今「推しているもの」がありますか？
　最近では「推し活」という言葉が広がり、アイドルだけでなく、ヒトやモノ、趣味など、さまざまな対象を「推し」として楽しむ人が増えています。推し活は、日常を忘れて夢中になれる大切な時間です。そして、その時間は自分の「好き」という気持ちを見つめ直すきっかけにもなります。

　このワークでは、「今推しているもの」を5つ挙げ、その推しに惹かれる理由を分析します。シンプルなワークですが、その中には意外な気づきが隠されているかもしれません。

　たとえば、「好き」という感情を深く掘り下げてみると、推しの仕事への姿勢や生き方に憧れていたり、推しの持つ価値観に共感していたりすることに気づくかもしれません。
　また、推しの魅力を言語化することで、自分自身が大切にしている価値観や理想像が見えてくることもあります。

　このワークを通じて、「好き」や「憧れ」の正体を知ることは、自分自身をより深く理解するヒントになるはずです。そうした気づきが、あなたの日々をより豊かにしてくれるでしょう。

推し活ライフ
今推している○○とハマる理由を分析！
Oshikatsu Analysis

記入日
20　/　/

No.1
推しているもの

好きな理由

No.2
推しているもの

好きな理由

No.3
推しているもの

好きな理由

No.4
推しているもの

好きな理由

WORK
26

推し活が日常に
ハリとワクワクをくれる

　空前の推し活ブームの今、世の中にはうちわのデコレーショングッズや推しカラーの小物など、以前では考えられなかったほどアイテムが充実しています。
　どんな推し活をするのかは人それぞれですが、推し活の時間だけは唯一、現実を忘れて夢中になれるという人も多いかもしれません。
　熱中できる何かがあるのは人生の充実につながります。

　今回のワークでは、推し活をもっと楽しむためのアイデアを考えます。
　ワークを見て、「推し活に目標?」と思うかもしれません。
　でも、「次のライブまでに振り付けを完コピする」「推しのグッズを3点集める」など、あえて具体的な目標を立てることで、日常生活に期待感が生まれ、心にハリが生まれます。楽しい予定について考えることで、日々のストレスからもほんの少し解放されるはずです。

　私は偶然街で「ふなっしー」に遭遇したことがあります。さらにその数日後、別の場所のイベントで再度ふなっしーを見かけたのをきっかけに、縁を感じて少しずつハマっています。
　設問3の「これから挑戦してみたい推し活は?」に私なら「ふなっしーと2ショットを撮りたい」と書きます。
　推しているヒト・モノは何でもOKです。推し活を楽しみながら、自分の世界を広げていきましょう。

記入日 20　/　/

とことん楽しみたい！
私の推し活
Enjoy Oshikatsu

1. あなたの推し活の目標は何？（例：ライブを全国行脚したい）

2. ほしいグッズがあれば書きだしてみよう

3. これから挑戦してみたい推し活は？

4. 今、楽しみにしている推し活の予定を書いてみよう

THEME

旅は私を肯定してくれる

　旅は、私たちに日常生活では気づけない大切なことを教えてくれます。
　普段の生活では、目の前の仕事や人間関係に追われ、自分の気持ちを振り返る余裕がないですよね。しかし、旅先では、非日常の環境や新しい景色に触れることで、心が解放されます。
　自然の中で深呼吸をしたり、異なる文化に触れて視点が広がったりする瞬間に、ふと、行きづまっていた悩みの答えが見つかることがあります。

　また、旅は、私たちを肯定してくれるものでもあります。
　それは、旅が「今の自分」をそのまま受け入れる時間を与えてくれるからです。たとえば、旅先で美しい景色を眺めると「ここまで頑張ってきた自分も悪くないな」と自然と思えたり、一緒に旅をする人と笑い合いながら「この瞬間が幸せだ」と感じたりできるでしょう。

さらに、旅先の神社やお寺で手を合わせるとき、何かをお願いするのではなく「ありがとうございます」と感謝を伝えるだけで、心が軽くなることもあります。
　こうした体験を通じて、旅は私たちに「そのままの自分でいいよ」と教えてくれるのです。

　旅は、日常を忘れ、静かに自分と向き合う貴重な機会です。
　都会の喧騒から離れ、自然の音や空気に耳を傾けることで、心と体が整う感覚を味わえます。それが旅の醍醐味です。

　このテーマでは、そんな「旅」に関するワークをお届けします。
　行きたい旅先を書きとめましょう。さらに、旅先で感じたことや気づいたことを記録しておくと、新たな発見やチャンスにつながることがあります。また、遠くまで旅行に行くことが旅とは限りません。家の周りを散歩するのだって、小さな旅と言えます。

　ワークブックを開くたびに、旅で気づいたことを振り返る時間を楽しんでみてください。

WORK 27

旅でのひらめきを大切に

　旅とは、ただ写真を撮って思い出や記念を残すためのものであるとは限りません。人生を振り返ったときに、旅それ自体が重要な分岐点だったということもあるのです。

　旅先では、心身ともに解放された感覚になりますよね。普段は忙しさを理由にシャワーで済ませていても、温泉にゆっくり入ったり、いつもは朝食をとれなくても、優雅にホテルのビュッフェを楽しんだり。旅は魔法のように、疲れた私たちの心と体を癒やしてくれるのです。

　そうして心が解放されているとき、ふと重要なひらめきが降りてくることがあります。そのひらめきが、思いがけない大きなチャンスにつながることもあるので、旅先で感じたことはひとつずつこのワークブックに綴ってみませんか？

　旅先でリアルタイムの感情を記録したり、帰宅して楽しかった旅を振り返りながら書いたり、記録の仕方はさまざまです。あなたの旅の相棒として、このワークブックを活用してください。

記入日 20   /   /

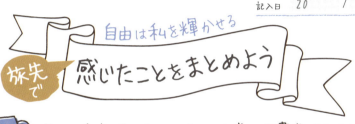

旅先で 感じたことをまとめよう
自由は私を輝かせる

旅の途中でひらめいたアイデアを書き残しておこう

今回の旅を一言で表すと？

次回もう一度同じ場所を訪れたら
行きたいスポットも忘れずに書きだそう

次はひとり旅？　それとも誰かと一緒がいい？

WORK
28

神社やお寺で
日ごろの感謝を伝える

　神社仏閣におもむき、手と手を合わせて祈る時間。
　神恩感謝、商売繁盛、良縁祈願……神社によってご祭神やご利益は異なりますが、何回も通っていると、奇跡のような出来事が起きることも、めずらしくはありません。
　「パワースポット」という言葉が先行し、トレンドとして注目されることもあります。しかし、実際に神社仏閣を訪れてみると、ご利益をいただくというよりも、むしろ日々努力を積み重ねられる環境に感謝するだけで自然と幸福な気持ちになるものです。
　心が軽くなり、日常に戻ったあともさまざまなやるべきことに前向きに取り組めるのは、神様に日ごろの感謝を伝えているからかもしれません。

　全国各地の神社やお寺を巡るには、相当な時間とお金がかかります。しかし、直感で「行ってみたい！」と思う神社仏閣を調べ、忘れないように書いておくことは大切です。そうやって気にとめておくことで、数年後には実際に参拝できているかもしれません。
　住んでいる地域や「関東」「関西」のようにエリアを限定して書いてみても楽しいでしょう。参拝したい理由をじっくりと考えてみたら、これからの生き方や人生であなたが大切にしたいことも一緒に浮かんでくるのではないでしょうか。

記入日 20 / /

いつか必ず参拝してみたい
神社・お寺リスト
Shrines & Temples

❀ *1* 神社・お寺の名前
参拝したい理由

❀ *2* 神社・お寺の名前
参拝したい理由

❀ *3* 神社・お寺の名前
参拝したい理由

❀ *4* 神社・お寺の名前
参拝したい理由

WORSHIP

WORK 29

いつかのために
旅へのワクワクを膨らませる

　普段生活している場所から離れ、非日常の空間に浸る。おいしいものをたくさん食べて、美しい光景を目に焼きつけて……。旅は、私たちの心と体をリフレッシュさせる「命の充電」です。ストレスにおしつぶされそうな心にばんそうこうを貼り、一瞬で癒やしてくれます。
　国内外のさまざまな景色を一度は見てみたいですよね。予算や日程の制限があるので今すぐに実現できなくても、頭の中で思い描くのは自由です。このワークでは、行きたい旅行先をリストアップして、選んだ理由も書いていきましょう。

　リストをつくっていくと、選んだ場所に共通点が見つかるかもしれません。「海が綺麗なところに行きたいのかも」「どの場所にも遺跡があるな」など、その共通点は今のあなたの心の状況を知らせてくれます。ガイドブックを手に取り、ぺらぺらとめくりながら、心の中で束の間の旅を楽しむのもおすすめです。
　今すぐに行けなくても、いつか思いがけない形で実現するかもしれません。「どうせ行けない」と諦めるのではなく、「いつか行ける」と未来を信じて自由に書きだしましょう。これは妄想ではなく、いつか実現する旅のための大切な準備のひとつなのです。
　ワクワクした気持ちでワークを書いてみてくださいね。

記入日　20　/　/

人生で一度は行ってみたい
旅行先リスト
My Travel List

 行きたい旅行先

選んだ理由

 行きたい旅行先

選んだ理由

 行きたい旅行先

選んだ理由

 行きたい旅行先

選んだ理由

WORK 30

「ひとりお散歩」で心も体もリフレッシュ

　コロナ禍で行動が制限されていた時期、私にとって唯一の気分転換は近所をお散歩することでした。
　おうち時間も好きですが、外に出て新鮮な空気を体内に取り込み、頭をクリアにする時間は欠かせないものでした。そんな「ひとりお散歩」の大切さが身に染みた私の経験からこのワークをつくりました。

　散歩中にひらめきが降りてきたら、ぜひ書きとめておきましょう。行きづまっていた課題の解決策が思いついたり、あと回しにしていた仕事を思い出したり、誰かに連絡したくなったり。そんな==気づきを大切にする==ためのワークです。

　歩きながら、==体の声にも耳を傾けてみましょう==。いつも同じ距離を歩いたとしても、自分の感じる体の重さやしんどさが日によって違うはずです。その変化を書きとめるスペースもあります。
　そして、体調とともに、「今度はもう少し先まで歩きたい」といった簡単なメモも書いてみましょう。

　お気に入りのお散歩コースを見つけることで、それが日々の楽しみとなり、仕事や勉強へのモチベーションアップにもつながります。心も体もスッキリする自分だけのルートを見つけてください。

I like walking

ひとりお散歩で気づいたこと

お散歩した日
/

🌸 お散歩中に気づいたことを書いておこう

-
-
-
-
-

🌸 お散歩中の体の状態は？

元気！ / 疲れ気味 / 眠い / (　　　　　)

🌸 お散歩コースを記録しておこう

🌸 お散歩中に何かいいアイデアが降りてきたら書いておこう！

-
-
-
-
-

COLUMN

ひとり会議のコツ2
ひとり会議におすすめのタイミング

　ひとり会議をするシチュエーションは大きく分けて4つ。共通点は、いつもとは違う環境になったタイミングです。人と会ったり、旅をしたり、病院に通ったり、そのあとのアウトプットとしてのひとり会議は、いつもよりきっとはかどるでしょう。

①誰かと会ったあとは、ひとりカフェ&ひとり会議

　誰かと会っている間は、相手の話を聞きながらも脳みそがフル回転の状態。「自分だったらこう考えるな」は、あなたにとって重要な気づきになるかもしれません。たとえば、友人の仕事の話から自分のキャリアについて考えを深めたり、恋愛の相談から自分の価値観を見つめ直したり。そのときの感情やアイデアは、いつか必ずどこかで役立ちます。誰かと会ったあとは、ひとり会議をしながら新たな気づきを発掘してみましょう。

②移動中に考えて旅先で書きだす

　旅とひとり会議は親和性が高いものです。私は、節目ごとに訪れる場所があり、その時々の悩みや周りの環境も異なり、ひとり会議の内容も変わってきます。いつも新幹線の中でぼ〜っと考えて、旅先に到着してから一気に書きだすのがクセになっています。旅には癒やし

がメインの目的になるものから、観光で刺激を受けながらアウトプットを繰り返すことができるものまであります。日常から離れた場所だからこそ、生まれる新鮮なアイデア。その大切なアイデアは大切に紙に書きとめておきましょう。

③いつもよりスケジュールに余裕があるとき

　仕事が落ち着いたタイミングでしっかりひとり会議をしましょう。自分の変化、モチベーション、メンタルの状況など、あらゆる角度から自分を見つめ直します。「こんな人生でいいのかな？」という本音も、ひとり会議なら託せます。じっくりと深く振り返ったあとは、「これでいいのだ」と自分を愛せるモードに戻ってこられるのです。

④通院のあとに、カフェでひとり会議

　私は20年近く心療内科に通い続けています。通院、特に心療内科での診療は、心と向き合える貴重な時間です。先生からのフィードバックやアドバイスから得られる気づきは想像以上にたくさんあります。過去の努力を先生が覚えていてくれて、励まされることもあります。ひとり会議をすることで、そんな先生のお守りのような嬉しい言葉を、自分の深い部分に落とし込むことができます。

　普段の環境から少し離れるだけで、自分を見つめ直す角度が変わります。インプットの量や質が変わり、アイデアやひらめきも生まれやすくなるのです。ひとり会議をするタイミングを工夫して、さらに心を磨いていきましょう。

PART 4

人間関係

心地よい
つながりをつくるための
ひとり会議

THEME

私にとって、本当に大切な人は誰？

　歳を重ねるにつれて、人間関係は少しずつ変化していきます。環境や価値観が変わる中で、自分と境遇が似ている人とは距離が縮まりやすい一方、昔からの友だち同士でも状況が異なると、それまでの関係を続けるのが難しくなることもあります。

　「無常」という言葉が示すように、人間関係は静止したままではありません。結婚や出産、出世や転職などライフステージの変化によって、隣の芝生が青く見えたり、自分が持っていないものを目の当たりにしたりして、付き合いが難しくなることもあります。

　10代のころの私は、いじめに遭って、友情が何なのかもわからず、友だちもほとんどいませんでした。やがて不登校になり、小学校〜高校時代の友だちもほとんどいないまま大人になりました。

しかし、そんな私だからこそ、「いざというときに本当に支えになってくれるのは誰だろう？」という問いを常に意識するようになりました。特に父が亡くなって、ひとりになったときに自分を支えてくれる存在について深く考え抜きました。すると考える中で、自然に「本当に大切にすべき人」が見えてきたのです。

　一方で、どうしても話が合わず距離を置きたい人もいますよね。わざわざ「もう会わない」とは伝えませんが、心の中でそっとその人との卒業式をするとよいかもしれません。
　人間関係にはトラブルがつきものです。だからこそ、少しでも違和感を覚えたときに距離を置く勇気を持つことは、自分を守るために必要です。

　このテーマでは、自分にとって「本当に大切な人」を見つめ直す時間を持ってみましょう。

　今、目の前にいる人たちだけに限りません。たとえもう会えない人であっても、心の中で生き続けているなら、その人も大切な人です。
　この機会に、あなたの大切な人への思いを丁寧に言葉にしてみませんか？

WORK
31

今この瞬間に会いたい人は誰だろう?

　コロナ禍が予告もなく到来して、会いたい人に会いにいける環境がどれだけ平和で尊いのかを学ばされた時期がありました。それまではどこかで「いつでも会えるし」と安易に思っていたのかもしれません。

　会いたい人と一緒に時間を過ごせるのは、お互いが元気で同じ歩幅で人生を歩めているからです。環境が大きく異なったり、お互いの世界が変わりはじめたりすると、会いたいと思っても、なかなかタイミングが合わず、ちぐはぐな距離感が続きます。

　ここで少し立ち止まって、今この瞬間に「会いたいと感じる人」を思い浮かべてみましょう。このワークでは、最大3人まで書きだすことができます。
　会いたい人をリストアップすることで、今の自分にとって本当に大切な存在が見えてきます。これまで親友だと思っていても今は特に会いたいと思わないなら、それはすでに距離感が変わってきているのかもしれません。一方で、あまり親しくない相手に会いたいと感じる場合は、どこかでその人を必要としているタイミングなのでしょう。
　なんとなく「会いたいな」と思うだけでなく、具体的な行動に移せるよう連絡をとる日も書きだします。何気ない日々がもっと充実するように、今回のワークを使って人間関係を見つめ直しましょう。

記入日 20 / /

会いたい人リスト
I want to meet you.

1 _____ さん

- どこで会いたい？
- 何がしたい？
- どんな話がしたい？
- 連絡をとる日　　/　（　）に連絡をする！

会う予定日
/ （　）

2 _____ さん

- どこで会いたい？
- 何がしたい？
- どんな話がしたい？
- 連絡をとる日　　/　（　）に連絡をする！

会う予定日
/ （　）

3 _____ さん

- どこで会いたい？
- 何がしたい？
- どんな話がしたい？
- 連絡をとる日　　/　（　）に連絡をする！

＼　ご縁に感謝　／

会う予定日
/ （　）

WORK 32

今はもう会えなくても
大切な人であることは変わらない

　このワークでは、今は会えない人に対する思いを書いて、心の中を整理する時間をとります。

　私の心の支えだった父を亡くしたことは前にもお伝えしましたが、ここ数年でもうひとり大切な人を亡くしました。ときどき2人を失ったことがつらくなって、涙がとまらなくなります。そんなとき、私を助けてくれたのは「書くこと」でした。

　会えない2人への思いを言葉にすることで、心の中で2人とのつながりをもう一度感じることができました。思い出を振り返りながら書く時間は、まるで2人がそばにいるようなあたたかさを思い出させてくれたのです。それらが私にとって前を向く力となりました。

　==今はもう会えない人の定義は自由==です。今でも親友だと思っているけれど、考え方や環境の違いで自然と会えなくなってしまった友だちに伝えたいことを書いてもいいのです。

　または、物理的な距離があって昔のように会えなくても、その人が自分にとって大切な人に変わりないのなら、その人に伝えたい気持ちを書きだしましょう。

　実は相手も同じ気持ちでいつもあなたのことを思っているかもしれません。大切な人への気持ちを整理したいとき、このワークを活用してみてください。

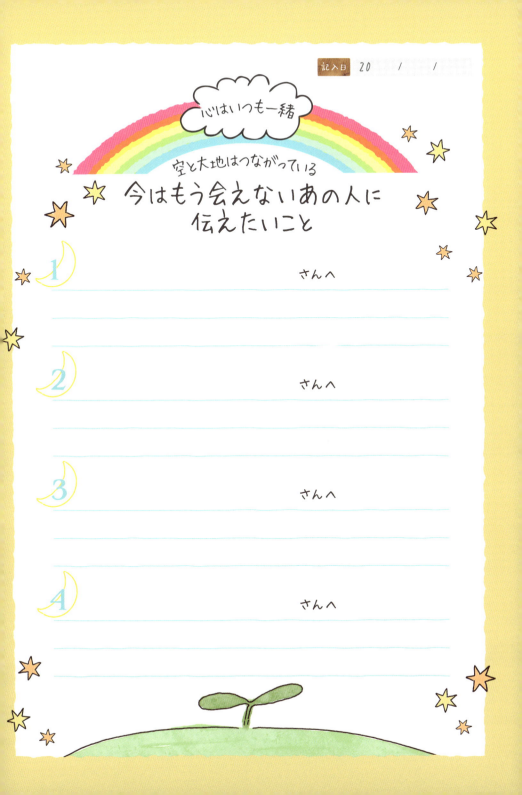

WORK
33

自分自身の変化と家族との関係

　このワークでは、親や家族との関係性について見つめ直します。大人になるにつれて、私たちは少しずつ自分らしい生き方や価値観を見つけていきます。「これが私にとって大事」「これだけは譲れない」といった基準がでてくると、自然と親や家族に対する気持ちも以前とは違ってくるものです。
　たとえば、昔はなんとも思わなかった家族の言動に違和感を覚えることがあったり、「なんだか私の居場所じゃない気がする」と感じたりすることもあるでしょう。でも、それは悪いことではありません。むしろ、それだけあなたが自分自身の人生をしっかりと考えられるようになった証拠とも言えます。
　ただ、親や家族に対して、モヤモヤを抱えたままでいるのは、苦しく感じることもありますよね。普段はなかなか言えない本音があったり、こうだったらいいのにな……と思う理想の関係があったりするはずです。

　このワークでは、家族に対する気持ちを書きだすことで、自分の本音を整理して、これからの家族との関わり方を考えてみましょう。家族との関係性を見直すことは、自分の人生をより心地よくするための大切なステップ。ぜひ、肩の力を抜いて取り組んでみてくださいね。

記入日 20 / /

親や家族との関係性を見つめ直そう

 親や家族に対する違和感や
モヤモヤがあれば書いてみよう

-
-
-

 親が元気で自分も動けるうちに
やっておきたいことは？

-
-
-

 親や家族に対して言えない本音を
ここに思いきり書きだそう

-
-
-

 家族との理想の関わり方は？

-
-
-

WORK
34

これからも大切にしたい
友人関係を考えてみる

　大人になると、環境や価値観が変わり、それに伴って友人関係も変化していきます。以前はよく会っていた友だちでも、仕事や家庭の事情で会う機会が減ることもありますよね。それでも、「この人とはずっと付き合っていきたい」と思える人はいるでしょうか？

　このワークでは、そんな「これからも大切にしたい友だち」を見つめ直し、最後にその名前を書きだしてみます。ただし、いきなり名前を書くのではなく、まずは次のような問いを通して、あなたにとっての大切な人について深く考えていきましょう。
　「一緒にいるとき、自分らしくいられる瞬間や、心から笑顔になれるのはどんなときだろう？」
　「お互いに環境が変わったとしても付き合い続けるためには、どんな努力が必要だろう？」
関係を続けるために、あなたができることや、どんな心がけが大切だと思うかを考えてみてください。

　名前を書きだす際には、「感謝を伝えたい」と思える人を思い浮かべてみましょう。そして、もし機会があれば、その人に「いつもありがとう」と感謝の気持ちを伝えるのも素敵ですね。

記入日 20 / /

私にとって友だちは誰?

大人になって環境が変わっても
付き合いたい人リスト

1. 友だちと過ごすときに、特に楽しいと感じる瞬間はいつ?

2. お互いに環境が変わっても付き合い続けるために必要なことは?

3. これからもずっと付き合いたい友だちの名前を書こう
その理由も考えてみよう

WORK
35

距離を置きたい人との
関わり方を見直す

　学生時代には何でも笑い合えて、大切な存在だった友だちが、いつの間にか一緒にいると違和感を覚えるようになった……そんな経験があるかもしれません。同じ環境にいたからこそわかり合えていた部分があったのでしょう。
　環境が変われば、お互いの価値観も自然と変わっていくものです。それでも「親友だから」と無理に会い続けていると、自分の心も体も疲れてしまいます。かといって、縁を断つのも違う気がするし……。

　このワークは==人間関係を整理すること==が目的です。まずは距離を置きたい人を書きだすところから始めましょう。振り返ってみると、ずっと違和感を覚えながら付き合ってきた人が何人かいるはずです。
　とはいえ、人間関係で難しいのは、自分の都合だけで関係を断つのが難しいこと。たとえば、ママ友関係。反りが合わなくても、子どものために差しさわりのない対応をせざるを得ません。その場合は、==深く関わらない接し方はどうすべきか==、考えてみてください。

　後半には具体的な関係性のあり方を考える項目があります。ハードな設問が続きますが、必要に応じて休憩を入れ、別の日に改めて考えるのもOK。こうして考えを整理することで、今の自分に必要な人、卒業すべき人がきっと見えてきます。

記入日 20 / /

今の年齢に合わせて整理整頓
心地よい人間関係にするために
卒業すべき人は？

 1 実は距離を置きたい人をそっと書きだそう

 2 その人との関係で感じる違和感の正体は何だろう？

 3 その人とは今後どのように付き合っていく？

 4 これからの人間関係ではどんなことを大切にしたい？

THEME

過去の恋も これからの恋も すべて私の人生

なぜ、人は恋をするのでしょう？

恋愛には「永遠」が保証されていない不安定さがあるため、「面倒くさい」と感じる人も多いかもしれません。それでも、私たちは恋をします。それは、==恋愛が私たちにとって必要な経験==だからです。

人は恋をすることで、自分自身と向き合い、成長することができます。相手との関わりの中で、自分の弱さやダメな部分を知り、それに気づくことで変わっていけるからです。

私自身は、学生時代から7年ほど交際した彼と別れ、それから7年恋愛をしていない人生を歩んでいますが、過去の恋愛は私にとって必要な経験だったと思っています。

父ががんを患ったとき、父を支え続ける母の姿を見て、私は「愛」の深さを知りました。父が「体が痛いからさすってほしい」と頼むと、母は嫌な顔ひとつせず、いつでもさすっていました。普段は夫婦漫才をしているかのような冗談ばかり言い合う二人でしたが、そのとき初めて、心から愛し合っていたのだと気づきました。

　この経験を通して、==愛には理屈を超えたものがある==のだと感じました。気づいたら心が惹かれ合っている——それが愛なのかもしれません。家族になれば、イライラすることもありますが、根底には愛があるのです。

　このテーマでは「恋愛」に関するワークをお届けします。過去の恋愛から学んだことを整理したり、理想のパートナーを考えたりすることで、自分の価値観を明確にし、未来に向けて準備を整えます。

　たとえ今、理想の相手にまだ出会えていなくても、それはタイミングの問題かもしれません。どこかで待つ最愛の人と出会えるように、自分の心の声に耳を傾けてみましょう。

WORK
36

過去の恋愛を振り返り
次の準備をする

　過去の恋で深く傷ついた経験から学ぶべきことはたくさんあります。
　このワークでは、過去の恋を振り返るステップから始めましょう。自分では終わった恋愛のつもりでも、深く考えていくと、まだ恋の傷が癒えていないかもしれません。

　新しい恋愛をどんなふうに楽しみたいのかも考えてみましょう。大切なのは、お互いに心地よい関係を築くこと。自分らしくいられる相手と出会えるようにワークを進めましょう。

　また、自分にとっての理想の恋人を考える設問もあります。理想の恋人を考えることによって、恋人候補に対して譲れる部分とそうではない部分を見つめ直すきっかけになるでしょう。
　たとえば、私の場合は心の持病があります。病気を受け止めてほしいとまでは思いませんが、理解しておいてほしいことがあるのは事実です。
　人よりも疲れやすいため、一緒におでかけするときは、休憩することを許してもらえる人でないと厳しいという面があります。

　今は恋をしていなくても、数ヶ月、数年のうちにまた素敵な人と出会えるかもしれません。
　お互いを理解し合える人と出会えるよう、ワークを通して、これからの未来についてゆっくり考えてみませんか？

記入日 20 / /

Look back on one's past
あえて過去を振り返る！
新しい恋愛を引き寄せるための
心の整理タイム
On to the next one!

 過去の恋愛でいまだに癒えない傷はある？
それはどうして？

 これからの恋愛はどんなふうに楽しみたい？
あなたらしい方法を考えてみよう

 理想の恋人ってどんな人？

SORT OUT MIND

WORK
37

理想のパートナーって
どんな人？

　どんなパートナーが理想なのか考えてみると、「こういう人がいい！」とすぐに思い浮かぶときもあれば、「よくわからないな」と迷うときもありますよね。そもそも、今の自分に本当にパートナーが必要なのか、一度考えてみるのも大切です。

　人によっては、仕事を優先していたり、恋愛に憧れがなかったり、時代とともに恋愛についての考え方が多様化して、さまざまな生き方が選べるようになってきています。親世代もその変化を理解し、昔ほど「結婚しなさい」と言うことが少なくなってきているかもしれません。

　このワークでは、自分の本当の気持ちに焦点を当てます。パートナーが必要かどうかを考え、もしパートナーを望むなら、相手に求めることを書きだします。

　自分の気持ちがわからないときは、一旦パートナーを希望する前提で書きだしてみてください。書いたことが、しっくりこない場合は、まだパートナーを必要とする時期ではないか、心のどこかではひとりでいたいと思っているのかもしれません。

　ひとり会議は、自分でも気づいていない気持ちに光を当てるプロセスです。光を当てると、自分ではあえて無視していた感情が浮かび、最初は驚くかもしれません。休憩をはさみながら設問に答え、自分の本音に耳を傾けてください。

理想のパートナーを考えてみる
My Dream Partner

記入日 20 / /

1 パートナーは必要？ それとも今はそのタイミングではない？

2 パートナーには自分のどんな部分を受け止めてほしい？

3 パートナーができたら、どんな関係性がいい？

PART

5

健康と暮らし

私らしい生活を
楽しむための
ひとり会議

THEME

日々の習慣が私らしい人生を生みだしていく

　日々のよい習慣の積み重ねは、いつかは大きな花を咲かせます。この「開花」は、名誉やお金、知名度といった目に見えるものだけではありません。もっと本質的な、「自分らしい生き方ってこれだ」と確信できる人生に辿り着くことも、「開花」なのです。

　自分らしい人生は、一朝一夕には手に入りません。だからこそ、自分らしさを意識しながら、日々の生活の中で少しずつ自分に合った習慣をコツコツ続けていくことが大切です。その先に、人生が唯一無二の「自分スタイル」へと形づくられていくのです。

　とはいえ、習慣を続けることは決して簡単なことではありません。特に忙しい日々で無理をしてしまうと、心や体に負担がかかり、か

えって逆効果になってしまうこともあります。

　毎日の習慣は、良くも悪くも心や体に大きな影響を与えます。年齢とともに変化する体力や、精神的なキャパシティに合わせて、習慣の見直しや調整も必要になってくるでしょう。特に女性の場合は、PMSやPMDD（月経前不快気分障害）など、生理周期によって、自分のコントロールがきかない時期もあります。そんな中、人と関わりながら働いたり生活をしたりと、これがなかなか大変。

　大切なのは、メンタルや体調をコントロールしようとするのではなく、完璧な人なんてどこにもいないと認識し、自分の弱さやダメな部分も含め、ありのままの自分を受け止めること。自分に合ったペースで、無理なく続けられる習慣を見つけることが、長く続けるためのカギになります。
　そのうえで、卒業すべき習慣と取り入れるべき習慣をこまめに整理しながら、日々の暮らしを整えていきます。

　このテーマでは、朝活や夜活をはじめ、日々の習慣を見直すワークを行います。
　暮らしを整える習慣を積み重ねて、心と体の健康を保ちながら、自分らしい人生を形づくる一歩を踏みだしましょう。

WORK
38

習慣が私らしい人生をつくる

　習慣の積み重ねが、人の生き方を変えます。
　アスリートのように自分を追い込む必要はありませんが、何気ない日々の習慣によって仕事のパフォーマンスが安定したり、モチベーションや感情のバランスが整ったりします。少し大げさに言えば習慣は運命を変えるのです。

　このワークでは、今までの自分の習慣を振り返りながら、新しい習慣を探す旅へとでかけます。「ショートスリーパーを目指していたけれど、しっかり睡眠をとるほうが自分の体には合っている」「夜ごはんを食べすぎると朝がつらくなりやすい」など、自分の直感をヒントに習慣について見直してみましょう。

　理想だと思う習慣が、自分のライフスタイルや体調に合うとは限らないので、最初は無理のない形で始めてみましょう。たとえば、「朝からヨガをしてみたい」という習慣なら、いきなり習いごとにするのは難しくても、まずは家の中で人目を気にせず自由にチャレンジしてみます。

　周囲の人々の習慣を参考にしつつ、新しい習慣を見つけてみてください。それを自分流にアレンジして取り入れることで、より自分らしく充実した毎日を目指していきましょう。

記入日 20　/　/

{ 誰かの習慣が、私の前進につながる }
新しい私になるために取り入れてみたい習慣

1 NEW習慣（　　　　　　　）
取り入れてみたい理由
....
....
....

どんなふうに自分流にアレンジする？
....
....
....

2 NEW習慣（　　　　　　　）
取り入れてみたい理由
....
....
....

どんなふうに自分流にアレンジする？
....
....
....

3 NEW習慣（　　　　　　　）
取り入れてみたい理由
....
....
....

どんなふうに自分流にアレンジする？
....
....
....

4 NEW習慣（　　　　　　　）
取り入れてみたい理由
....
....
....

どんなふうに自分流にアレンジする？
....
....
....

Making new behaviors last for good! UP↑

WORK 39

朝活で見つける新しい自分

　朝には、その時間特有の静けさと清々しさがありますよね。いつもより少し早く起きて、時間に余裕があるときは、「朝活」をしてみるのはいかがでしょう？　自分だけの朝のひとときをデザインすることで、心身ともにリフレッシュした1日をスタートさせることができます。

　このワークでは、「理想の朝活プラン」を一緒に考えていきます。ただ漠然と考えるのではなく、どんなことをしたいのかを具体的にイメージし、前日の夜にできる準備や、朝活を続けるための工夫までしっかりとプランニングしていきましょう。設問に答えていくことで、無理なく自分に合った朝活スタイルが見つかるはずです。

　朝活をすると、いつもの生活とは違う新しいリズムが生まれます。今まで気づかなかった自分の可能性に出会えるはずです。また、1日のスタートを充実させることで、気持ちが前向きになり、毎日がより豊かに感じられるようになるでしょう。

　新しい習慣を始めるのは少し勇気がいるかもしれません。でも、それを続けた先には、「こんな自分になりたかった」と思える未来の自分がきっと待っています。さあ、理想の朝活プランを一緒に描いてみましょう！

記入日　20　/　/

早起きは三文の徳！
いつかは叶えたい
ひとり朝活プラン

① 理想の朝の時間を想像してみよう。
　 どんなことをして過ごしたい？

② 朝活を通じてどんな新しい自分に出会いたい？
　 どんな気分になりたい？

③ 朝の時間を有効に使うために、
　 前日の夜に準備しておきたいことは？

④ 朝活を続けるモチベーションを
　 保つためにどんな工夫をしたい？

Sun Salutation

WORK
40

夜活が彩る
豊かな毎日

　朝には清らかな風が吹き、夜には特有のアンニュイな雰囲気がありますよね。朝も夜も充実させることができれば、毎日が豊かになるのは間違いないでしょう。

　このワークは、ひとつ前のワーク39「いつかは叶えたいひとり朝活プラン」と対になっています。あえて「ひとり」としているのは、朝活も夜活も、ひとりで行動することによって世界が広がるものだと私自身が実感してきたからです。
　たとえば、街を歩いているときにふと気になった場所があれば、ひとりなら気軽に立ち寄れます。誰かと一緒だと遠慮してしまうというささいな気遣いが、インプットの質や知識の量に大きく影響するのです。
　誰かと過ごす時間を否定しているわけではありません。ひとりならではの自由さがあるからこそ、新しく出会えるモノやヒトがたくさん待っているのです。

　お休みの日でも仕事の日でも、自由に夜活プランを考えていきましょう。夜活は外出するだけでなく、おうちでも十分に自分の世界を広げられます。たとえば、「のんびり自炊する」「映画を観る」「本を読みながら好きな言葉を探してノートに書きだす」など、夜のまったりした時間がさらに充実するようにワークを楽しみましょう。

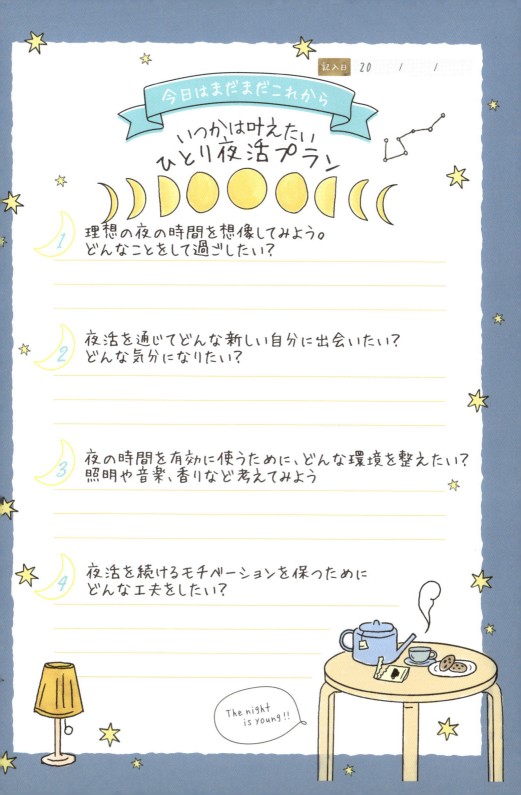

WORK
41

ついつい続けてしまう
NG習慣を可視化する

　「やめたいな……」と思っているのに、なんとなくダラダラと続けてしまっている習慣はありませんか？
　たとえば、寝る前にスマホを延々と見続けたり、つい間食を繰り返してしまったり……。心のどこかで断ち切りたいと思っている習慣をここで書きだしてみませんか？

　「これを続けていても未来の自分にとってプラスにならない」と思う習慣は思いきって見直してみましょう。たとえばスマホばかり見ていた電車移動の時間を読書に充てたり、間食の代わりに軽いストレッチをしたりするだけで、日々の過ごし方が変わり、未来は大きく変わります。

　このワークでは10個のNG習慣をリストアップします。日常生活の中で「ついついこういうことをしてしまうけど、やめたいな」と思う癖を探してみましょう。
　たとえば、「つい人と自分を比べてしまう」「自分を責めてしまう」など、本当はやめたい思考の癖も含めて構いません。思いつかない場合は、親しい人に相談してみるのもよいでしょう。
　ベースは「ひとり会議」ですが、あまりルールに縛られず自由にアレンジしながら活用してみてください。

記入日 20　/　/

なんとなくダラダラ続けている断ち切りたいNG習慣

1.
2.
3.
4.
5.
6.
7.
8.
9.
10.

THEME
心と体の声を聞く

　私は14歳のときに不登校になり、適応障害と診断されました。それからもう20年近く心療内科に通い続けて、自分の心と向き合い続けています。

　そもそも、心ってとても不思議ですよね。
　突然不安に襲われたり、急に具合が悪くなったり。ささいな変化によって、普段の生活が送れなくなることもあります。残念ながらこれらの症状は「わがまま」や「自分勝手」などの心ない一言で片づけられてしまうこともあります。しかし、そのようにして心と体はさまざまなサインを出しているのです。そのサインを無視してしまうと、心や体がさらに悲鳴を上げ、症状が悪化してしまうこともあります。
　そのサインに敏感に気づくためにも、ここでは、心と体の健康について書きとめられるワークを用意しました。

　現代は情報があふれすぎていて、どれが正解なのか判断するのが

難しい時代です。だからこそ、外部の情報に振り回されるのではなく==自分自身の心と体の声に耳を傾ける==ことが一番大切です。

「これを食べるとお腹を壊しやすい」「これを飲むと体調が安定する」など、自分の体調の変化や直感をしっかり感じ取り、それをもとに自分に合った選択をしていけるようにしましょう。

このテーマでは、心と体の現在の様子を書きだすことで、健康維持のために今の自分ができることを探していきます。

自分の状況をワークで整理することで、もしかしたらサプリメントをとるよりも、デジタルデトックスをして不要な情報を手放したほうが、心と体が楽になることがわかるかもしれません。

自分に合った正しい選択ができるように、忙しい今だからこそ、少しだけ立ち止まって現在を見つめ直す勇気を持ってください。

WORK
42

メンタルの波を見つめて書きとめる

　メンタルのコントロールは、想像以上に難しいものです。
　私が心療内科に通い始めた当時は、メンタルクリニックなどへの受診には誤解や偏見が多い時代でした。しかし今では、心の不調も体の不調と同じようにケアする大切さが広まり、心療内科やカウンセリングが特別なものではなくなっています。
　心の状態次第で、同じ出来事でもつらく感じたり、逆に楽しく思えたりと、受け止め方が変わってきます。私は薬やカウンセリングのサポートを受けながら、心の状態と向き合い、日常を取り戻してきました。

　「心の波」は誰にでもある自然なもので、無理に平坦にする必要はありません。大切なのは波を受け止めることです。「今つらいんだよね」「イライラが落ち着くまで待ってほしい」と言える状態になれば十分合格です。自力で心の波が鎮まらないなら、薬の力を借りることも大切です。

　ここでは不器用なりに強く生きてきた私から「メンタル管理シート」をお届けします。1日を振り返って心に点数をつけ、どんな気持ちで過ごした1日だったかを考えてみましょう。
　ただし、絶対に自分を責めないこと。どんな状態であったとしても、最後には自分自身に花丸をつけて、心の中でギュッと抱きしめてあげてくださいね。

記入日 20 / /

メンタル管理シート
My Mental

MON.   / _____ 点

TUE.   / _____ 点

WED.   / _____ 点

THU.   / _____ 点

FRI.   / _____ 点

SAT.   / _____ 点

SUN.   / _____ 点

WORK 43

不安はいつも突然やってくる

　このワークでは「不安」に焦点を当てています。突然やってくる不安を完全には防げないかもしれませんが、日々意識することで傾向や前兆は読み取れる可能性がありますよね。
　ここではメンタルを完璧にコントロールすることは目指さず、不安と向き合い、少しずつ乗り越える方法を一緒に見つけていきましょう。

　私の場合は適応障害と診断されてから、20年以上、コントロールしきれない自分の心と向き合ってきました。突然、予告もなく動悸に襲われ、とまらなくなることがあります。そういうときは、頓服薬を飲んでゆっくり休むことにしています。

　もしすでに病院に通っていて、不安を感じやすい状況や対処法のアイデアが浮かんできた場合は、ぜひ主治医やカウンセラーなどの専門家に意見を聞いてみましょう。
　病院には通っていないなら、長い間見守ってくれている家族や友人に相談してくださいね。第三者の客観的な意見を取り入れることで、突然訪れる不安の嵐への対処法がよりいいものになるでしょう。

記入日　20　 /　 /

How to deal with the moya moya

不安は突然やってくる!
モヤモヤしたときの 対処法

1 不安になりやすいタイミングはある？　その理由は？

2 不安になるきっかけはどんなこと？

3 不安なときの、自分なりの対処法を考えてみよう
(例：波が引くまで横になる、眠る)

4 不安をやわらげるグッズなどがあれば書きだそう
(例：アロマなど)

WORK
44

スマートフォンと
上手に付き合うには？

　通知を確認していただけのはずなのに、いつの間にかSNSに夢中になり、気づけば数十分が過ぎていた……という経験はありませんか？

　人や情報と常につながっている状態が心と体にとって理想的かと問われると、おそらくNOでしょう。
　意識的にスマートフォンと距離を置く時間をつくり、自然に触れたり、情報収集以外のやるべきことに時間を割いたりしたほうが、毎日がより豊かになるはずです。
　仕事のメールが来る以上、スマートフォンを置いてでかけるのは難しいかもしれません。それでも<mark>スマートフォンとの上手な付き合い方</mark>はあるはずです。ここで一度その方法についてじっくり考えてみませんか？

　このワークでは、<mark>デジタルデトックスの習慣化</mark>のための設問をつくりました。おうちと外出先ではスマートフォンとの距離の取り方が異なるため、それぞれの場面ごとにプランを立てられるようになっています。

　デジタルデトックスを1日のどのタイミングで行うかは人それぞれです。情報を遮断し、心を整える時間を意識的につくることで、これからの人生の質をより高めていきましょう。

Digital detox plan　記入日 20　/　/

チャレンジしてみたい
デジタルデトックスプラン

① まずはおうちでできるデジタルデトックスプランを考えてみよう

② 次は外出先でできるデジタルデトックスプランを考えてみよう

③ デジタルメディアを使う以外の朝の過ごし方を考えてみよう

④ デジタルメディアを使う以外の夜の過ごし方を考えてみよう

WORK
45

体の声に耳を傾けよう

　どんなに健康に気をつけていても病気は完全には防げません。正解がないからこそたくさんの健康情報が日々飛び交っています。そこから、何が正しいのかを選択するのは難しいものです。だからこそ、体の声に耳を傾けることが重要です。
　体の声を聞くとは、医学的な分析だけではなく、このサプリメントや漢方がなんとなく合っているといった直感的なプロセスも含まれます。
　女性の場合、生理周期とも向き合う必要がありますよね。私は生理による体の不調の周期と心の病が重なる時期があり、心身のコントロールに必死です。皆さんもそれぞれの症状と向き合っているかもしれません。

　このワークでは、体調不良の症状やそのときの状況、効果的だった対処法を書きだし、その傾向を読み取ります。

　かかりつけ医がいるかどうか、またその病院に通いやすいかどうかなども日々の安心を左右します。「女医さんだと安心する」「近くに病院があると行き来しやすい」など、ひとり会議を通して気づきを増やしていきましょう。
　このワークを通して、健康への意識をより高めていきましょう。

体調不良を分析してみる
Not feeling well

記入日 20 / /

1 体調不良になりやすいタイミングは？ どんな症状になりやすい？

2 体調不良の乗り切り方を思い出して書きだそう

3 信頼できるかかりつけ医がいれば書きだそう

4 普段から健康のためにできることは？

WORK

46

忙しい中でも
少しずつ体を動かす習慣を

「運動は運を動かすと書きます。それくらい人生で大切なことなんです」

8年近く通い続けたパーソナルトレーニングの先生からいただいた言葉のお守りです。忙しくなると食事をとる時間がなくて痩せたり、もしくはストレスのあまり食欲を抑えきれず太ったり。体によくないと思いながらも、食事や体調の管理までなかなか気が回らないのが、多くの人の本音でしょう。

最近、体を動かしていますか？

ウォーキングひとつとっても、毎日の習慣として定着させるのは、なかなか大変です。雨が降ればサボりたくなるし、暑さ寒さを理由に延期したくなる気持ちもわかります。

今回のワークでは無理のないペースで続けられるエクササイズの計画を一緒につくります。

どの時間帯や曜日が続きやすいのかという設問もありますから、そこで改めて気づくこともたくさんあるでしょう。おうちでトレーニングするためにどんなグッズが必要なのかも考えてみます。

無理なく続けることが、心と体の健康への近道です。自分に合ったペースで楽しく体を動かす習慣を始めてみましょう。

記入日 20　/　/

スタイリッシュなBodyを目指す
無理のない範囲で続けられる
エクササイズプラン
My Exercise Plan

1 自分にとって毎日続けられる運動をセレクトしてみよう！
-
-
-
-

2 どの時間帯や曜日が運動に集中しやすい？
-
-
-
-

3 おうちトレーニングをするならどんな運動グッズがほしい？
-
-
-
-

4 もし新しく習いごととしてチャレンジするならどの運動がいい？
-
-
-
-

THEME

暮らしを整えて全力で人生を楽しむ

　自分らしい生き方は、自分らしい暮らしとともに成り立っています。「暮らし」と一言で言ってもイメージが湧かないかもしれません。暮らしとは、何時に起きて何時に寝るのが自分の心と体に最適なのか、夜型なのに無理して朝型生活を目指していないか、どんな食事や家具、日用品を選び、生活に取り入れるのか、このすべてです。こうした日々の選択を自分ですることは、自分の足で人生を歩むこととイコールなのです。

　==暮らし方は人それぞれです。==暮らしに関する情報は、あくまでヒントのひとつ。そこから吟味し、自分らしい暮らしをつくりあげるのは自分自身です。

　たとえば、以前から注目されているミニマリストの暮らし方も、合う人と合わない人がいます。それが正解かどうかは、すべては本

人次第。たくさんの好きなものに囲まれている生活のほうが心地よいと感じるなら、それがその人の正解なのです。

　食事も同じで、自炊にこだわるか、外部のサービスを頼るのかも、自分で決めていく必要があります。

　すべてを手づくりしたい人もいれば、美味しいものはプロに任せればいいと考える人もいて、絶対的な正解はありません。

　ただ、今の状態が「なんだか自分らしくないな」と違和感があるのなら、少し調整が必要です。

　暮らしを整えることは、自分らしく生きることです。

　目標や夢について考えることはあっても、今この瞬間にも過ぎていく「暮らし」について、深く考える機会は意外と少ないのでは？

　普段の掃除や、玄関の靴を揃えるといった何気ない習慣は、たとえ誰かが見ていなくても、その人の生き方に反映されるものなのです。

　このテーマでは「暮らし」に着目し、いつもとは違う角度から、自分自身を見つめ直してみましょう。

WORK
47

暮らしを整えて人生を輝かせる

　日々の生活に、点数をつけるとしたら何点ですか？
　このワークでは、まず最初に、自分の暮らしに点数をつけてみます。
　たとえばインテリアにしても、ミニマリストなのか、モノがある程度あったほうが落ち着くのか、人それぞれ心地よい暮らし方は異なります。食生活にしても、自然食品にこだわりたい人もいれば、ときにはジャンクフードを楽しみたい人もいます。
　大切なのは、何を心地よいと感じるのかです。「自分らしい暮らしって、何だろう？」と問い続けることで、暮らし方が定まりはじめるのです。
　次に、理想の暮らしを思い描きます。たとえば、朝からヨガをする生活がしたくても、夜型の人がいきなり生活パターン変えるのは難しいものです。等身大の自分に合わせて考えましょう。
　最後に、具体的な行動計画を立てます。アイデア次第では新しく何かを買う必要があるかもしれないし、もちろん今の生活の延長線でできることもあるはずです。
　自分らしい暮らし方が確立されれば、生き方も自然と定まります。そのころには周りの人から「あの人って、いつも素敵だよね」という声が聴こえてくるかもしれません。理想の暮らしの形に出会えたとき、あなたの人生はもっと輝きを増すでしょう。

じっくりとたまには
向き合ってみる

私らしい暮らしって どんな暮らし？

Live true to oneself.

記入日
20　/　/

1 今の暮らしに点数をつけるとしたら何点？その理由は？

2 理想の暮らしってどんな生活？

3 どんな行動をとったら理想の暮らしに近づく？

4 3のうち今日から実践できることは？

It's my ideal life after retiring!

WORK
48

心地よいお部屋づくりで暮らしを豊かにする

　日々の暮らしは、ほんのささいな工夫で一変します。雑貨を置いたり、植物や花を飾ったりするだけで、部屋の空気が変わり、より落ち着ける空間になるものです。
　このワークでは、自分のお部屋に招き入れたい雑貨や家具を書きだします。お気に入りのものに囲まれた時間は、おでかけや旅と同じくらい尊いものです。
　部屋と自分との相性が一致すると、不思議なくらい居心地がよくなります。掃除をしたり、植物に水をあげたり、窓から入る風に季節を感じたり、それまで以上におうち時間が充実します。部屋の広さは心地よさに関係はなく、その空間のよさを最大限にいかせるかがおうち時間の充実へとつながっていくのです。
　予算との兼ね合いで思うように雑貨や植物などをお招きすることができなくても、まずは自由に思い描いてみましょう。実現できる可能性があるからこそ、イメージもできるものです。

　ここで改めて今の自分が、お部屋に求めていることをじっくりと考えてみましょう。ときにはウインドウショッピングを楽しみながら、理想の暮らしを思い描いてみてくださいね。

記入日 20 / /

もっと暮らしを整えたい！
自分のお部屋に招待したい お買い物リスト
My shopping List

1 大切な自分のお部屋に招待したいものを書きだそう

2 今のお部屋にあるものをリストアップしよう

3 1と2を見比べて本当にほしいものを3個書きだそう

・
・
・

My room is power spot !!

WORK
49

憧れのレシピを書いて
料理を楽しもう

　恥ずかしながら30代も半ばになりつつあるのに、いまだに料理が苦手な私。簡単な料理から始めようと頑張ってはみるものの、忙しさを理由に後回しにしている状況です。

　このワークはそんな私の「忙しくて料理を後回しにしがち」という悩みをきっかけに考えました。まずは自分がどんなふうに料理を楽しみたいのかを考えることから始めます。料理が苦手でも「こんな料理つくってみたい」という憧れを明確にすることで少しずつ意欲を高められるようにしてみました。つくってみたい料理の名前や、材料などのレシピを書きだしましょう。

　和食・洋食・中華・お菓子とカテゴリーを設定しています。昨今は韓国料理やエスニック料理もブームなので、どのカテゴリーにも当てはまらない場合は、項目を書きかえるなど、自分で好きなようにアレンジしながらお楽しみください。

　書くスペースが限られているので、準備すべきものをすべてを網羅するのは難しいかもしれません。しかし、何をつくってみたいのかを知るだけでも、料理が好きな人にとっては楽しく、料理に苦手意識のある人には、勇気ある最初の一歩となるでしょう。

チャレンジしてみたい
お料理レシピ

Challenge Recipes

記入日
20 / /

和食

中華

洋食

お菓子

WORK
50

ひとり会議を充実させ
成長へとつなげる

　ひとり会議とは、自分と向き合い、紙に書きだして心を整える時間。「ブレスト」や「ジャーナリング」とも呼ばれます。
　ひとり会議をする習慣が定着すると「会議の時間は好きな飲み物を用意しよう！」「筆記用具を万年筆に変えてみようかな」と、ルーティンも変化していきます。

　このワークでは、アイデアやひらめきが降りてきやすいように、心地よい「ひとり会議ルーティン」を考えましょう。
　お気に入りの飲み物や食べ物、文房具を書き込める設問を用意しました。また、思考を行動へと結びつけるための設問も設けています。順番にこだわらず、思いついた順にどんどん進めましょう。
　ひとり会議をしてワークに書いたことを行動へ移すには、少しの工夫が必要です。たとえば、行動リストを別に作成し、週1回チェックする方法があります。紙に書いて目につく場所に貼れば、情報が入りやすくなり、行動しない自分でいることがほんの少しだけ居心地悪くなってきます。すると不思議と動きだせたりするものです。

　このワークでひとり会議を充実させ、自己の成長へとつなげていきましょう。ひとり会議を続けることで、心が整い、自分の考えや行動が少しずつ変わっていきます。その積み重ねがあなたの人生に新たな可能性をもたらしてくれるでしょう。

私だけの ひとり会議のルーティン を考えてみよう！

My Routine

記入日 20　/　/

1 ひとり会議を始める前の自分だけのルーティンをつくってみよう

2 ひとり会議を一緒に楽しめるお気に入りの文房具を書いてみよう

3 ひとり会議中のお気に入りの飲み物やおやつを書いてみよう

4 ひとり会議で考えたことをどのように行動に移すか あなたなりの方法を考えてみて
（例：紙に書いて部屋に貼る、スマホの携帯にメモする、待ち受けにする）

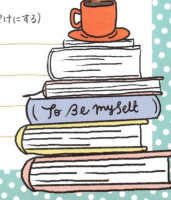

COLUMN

ひとり会議のコツ 3
本当につらいときも
ひとり会議？

　ひとり会議は思考を整理する時間です。でもそれには、ある程度の気力や体力が不可欠です。だから、人生で本当につらい出来事が起きたとき、自分を見つめ直したいからといって、無理にひとり会議をする必要はありません。

　人によって、何をどの程度までつらいと感じるのか、その尺度は異なります。たとえば私の場合、父を亡くしたときにうつを発症しました。「そこまで落ち込む必要がある？」という声も聞こえてきたことがあります。同じ出来事が起きたとしても、どこまでつらいのかは、人それぞれなのです。

　本当につらいときは、睡眠をとる、おいしいものを食べる、家族や友人と笑う、旅に行くなど、「思考する」ではなく「整える」ことを優先しましょう。まずは充電しなければ、パソコンもスマートフォンも正常には動けません。人間も同じで、心の充電をして英気を養います。

　ひとり会議を再開させるおすすめのタイミングは「何か未来の自分のために行動したい」「そろそろ外に出て、何かを始めてみたい」と前向きな兆しがでてきたときです。最初から結論をまとめる必要はなく、今の自分の置かれている位置や環境を再認識する程度にしましょう。

たとえば、10年近く付き合った人と別れたとします。結婚するつもりで同棲準備も始めていたのに、相手の気持ちが冷めていて別の人がいたことが発覚。長い春が一瞬にして散ってしまったとします。こんなときは「私は、どうするべき？」とひとり会議をする必要はありません。まずは心の傷を癒やすことに専念します。
　おすすめの回復方法は、自分自身を充電して、ひとり時間を楽しめるようになるまで体力、気力を回復させる→ひとり会議でこれからの方向性を定める→友だちに「実はさ〜！」と報告する、というステップです。
　おうちでひとり会議をすると、気が滅入りそうだったら、カフェでひとり会議をするのもよいでしょう。

　ひとり会議で一番気をつけたいのは「ひとり会議」と「反省会」は似て非なるものだということです。最初は、ひとり会議としてスタートしていたはずなのに「私は、あれもできていない、これもできていない」と自分に「×」をつけていたら、それは反省会になってしまいます。

　ひとり会議は、自分を責めるのが目的ではなく、あくまで自分自身を高める時間です。仕事でミスしたり、誰かを不本意に傷つけてしまったり、そんなときは、同じ過ちを繰り返さないようにと考えて、反省会になってしまうかもしれません。ただし、反省会に終始せず、最終的には頑張りやさんの自分を認めて、大きくセルフハグしてあげましょう。

おわりに

　SelfOを本格始動させてからの1年、私はどれだけ泣いたかわからないほど、過酷な道のりを歩んできました。
　時間に追われ、人生の中で何が正解なのかを考える余裕もないまま、ただ、ただ、SelfOを守ること、育てることに必死でした。

　そんなときに私を支えてくれたのは、SelfOに寄せられたお客様のアンケートでした。そこには「自分らしさがわからないから買いました」「ずっと孤独だったから」と、お客様のストレートな想いが集まっていました。

　私たちは、モノとお金を交換するときに「光」を求めて、商品を手にします。このペンを買ったら自分の何かが変わるかもしれない。手帳を買ったら、自分の弱さを乗り越えられるかもしれないと、少し先の未来が明るくなってほしいと信じて商品を買います。

　SelfOの「おひとりさま会議用紙」、そしてこの本も例外ではありません。
　実際に光になれているのかどうかはわかりませんが、私はこれからの人生もSelfOにかけています。

少しでも皆さんの孤独がやわらぐように、そして、ブランドを通して「絶対にひとりじゃないよ」と伝え続けるために。

　色鮮やかな50のワークとともに歩んできた心の旅路は、一度、ここで終わります。

　孤独に負けそうな夜が訪れたときには、またこの場所に戻ってきてください。そのときには、あなたが少し前に書いた言葉のお守りが、再び「だいじょうぶ、ひとりじゃないよ」と、優しく包んで体温を戻してくれます。

書くことは、生きること。
Self0 山口 恵理香

購入者限定特典

ワークの記入例

ワークの記入例が書いてあるPDFを
下記よりダウンロードできます。
ぜひあなたの「ひとり会議」の
参考にしてみてください。

ID　　　discover3119

パスワード　one

https://d21.co.jp/formitem/

書くだけで、心がととのう ひとり会議ワークブック

発行日　2025年1月26日　第1刷
　　　　2025年4月4日　第4刷

Author	山口恵理香
Illustrator	近藤愛（株式会社KOUBOU）
Book Designer	本文・装丁：chicols
	ワーク：近藤愛（株式会社KOUBOU）
Publication	株式会社ディスカヴァー・トゥエンティワン
	〒102-0093 東京都千代田区平河町2-16-1 平河町森タワー 11F
	TEL 03-3237-8321（代表）FAX 03-3237-8323
	https://d21.co.jp
Publisher	谷口奈緒美
Editor	小石亜季　野村美空

Store Sales Company
佐藤昌幸　蛯原昇　古矢薫　磯部隆　北野風生　松ノ下直輝　山田諭志
鈴木雄大　小山怜那　藤井多穂子　町田加奈子

Online Store Company
飯田智樹　庄司知世　杉田彰子　森谷真一　青木翔平　阿知波淳平
大﨑双葉　近江花渚　徳間凛太郎　廣内悠理　三輪真也　八木眸
古川菜津子　高原未来子　千葉潤子　金野美穂　松浦麻恵

Publishing Company
大山聡子　大竹朝子　藤田浩芳　三谷祐一　千葉正幸　中島俊平
伊東佑真　榎本明日香　大田原恵美　小石亜季　舘瑞恵　西川なつか
野﨑竜海　野中保奈美　野村美空　橋本莉奈　林秀樹　原典宏　牧野類
村尾純司　元木優子　安永姫菜　浅野目七重　厚見アレックス太郎
神日登美　小林亜由美　陳玫萱　波塚みなみ　林佳菜

Digital Solution Company
小野航平　馮東平　宇賀神実　津野主揮　林秀規

Headquarters
川島理　小関勝則　大星多聞　田中亜紀　山中麻吏　井上竜之介
奥田千晶　小田木もも　佐藤淳基　福永友紀　俵敬子　三上和雄
池田望　石橋佐知子　伊藤香　伊藤由美　鈴木洋子　福田章平
藤井かおり　丸山香織

Proofreader	文字工房燦光
DTP	平野直子（株式会社デザインキューブ）
Printing	シナノ印刷株式会社

・定価はカバーに表示してあります。本書の無断転載・複写は、著作権法上での例外を除き禁じられています。
　インターネット、モバイル等の電子メディアにおける無断転載ならびに第三者によるスキャンやデジタル化もこれに準じます。
・乱丁・落丁本はお取り替えいたしますので、小社「不良品交換係」まで着払いにてお送りください。
・本書へのご意見ご感想は下記からご送信いただけます。

https://d21.co.jp/inquiry/

ISBN978-4-7993-3119-4
KAKUDAKEDE KOKOROGA TOTONOU HITORIKAIGI WORKBOOK by ERICA YAMAGUCHI
©ERICA YAMAGUCHI, 2025, Printed in Japan.

Discover
あなた任せから、わたし次第へ。
ディスカヴァー・トゥエンティワンからのご案内

本書のご感想をいただいた方に
うれしい特典をお届けします！

特典内容の確認・ご応募はこちらから

https://d21.co.jp/news/event/book-voice/

最後までお読みいただき、ありがとうございます。
本書を通して、何か発見はありましたか？
ぜひ、ご感想をお聞かせください。

いただいたご感想は、著者と編集者が拝読します。

また、ご感想をくださった方には、お得な特典をお届けします。